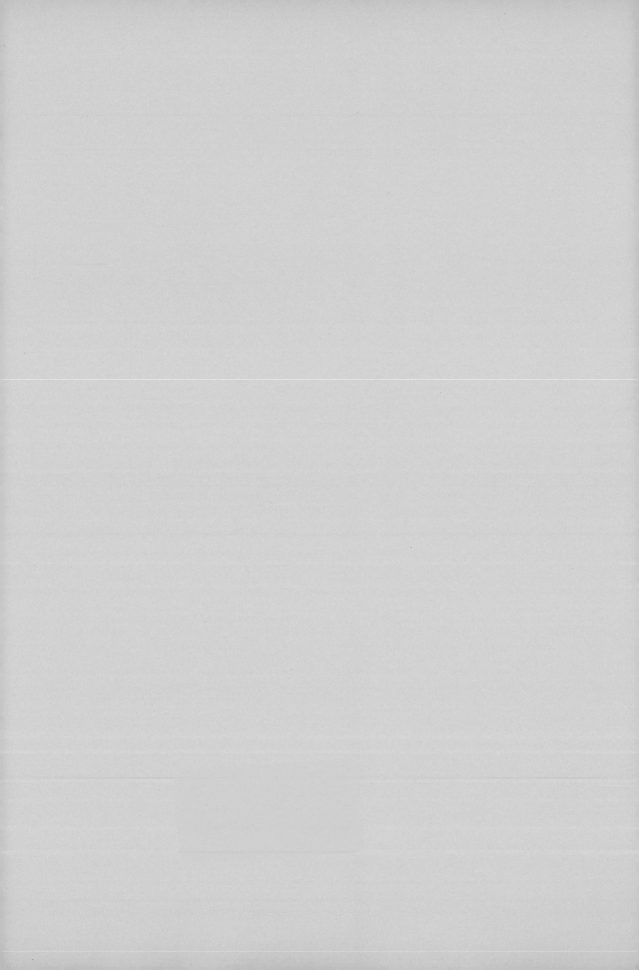

PRE-STEP
18

プレステップ

会社法

〈第2版〉

柳　明昌／編

弘文堂

企業社会を支える「会社法」について
学んでみませんか？

　初版の刊行から4年が経過しました。この間、2019（令和元）年に会社法の改正が行われ、2020（令和2）年にはスチュワードシップ・コードの再改訂、2021（令和3）年にはコーポレートガバナンス・コードの再改訂が行われました。ハードローのみならず、ソフトローの重要性は高まりこそすれ、低下することはないと思います。第2版では、これら改正法や改訂の内容を中心に盛り込むとともに、データを最新のものに更新しました。

　企業社会における関心を惹く事件として、初版では、当時メディアでも盛んに取り上げられた日産自動車のゴーン前会長の事件に触れました。その後も同事件ほどセンセーショナルではないかもれませんが、わが国における株式会社のガバナンス問題を考えるうえで注目に値する事件・事案が繰り返し起こっています。

　本書でも取り上げているオリンパス事件を想起させる積水ハウスをめぐる地面師詐欺事件、役職員が原発のある自治体の元助役等から多額の金品を受領していた関西電力事件やお家騒動で耳目を集めた大塚家具の消滅（ヤマダデンキと合併）等がありました。また、コロナ禍の影響が残るなか、令和3年から令和4年にかけて敵対的企業買収が盛んに行われ、それに対する企業側の買収防衛のあり方が大いに議論され、今も続けられています。

　会社法には具体的なイメージがなく、あるとしても無味乾燥で技術的なものと思っている読者の方も少なくないと思います。ですが、企業社会や組織で起こる問題は非常に人間臭く、人間を深く理解することが求められます。初版と同様、企業社会をめぐる問題を契機として、読者の皆さんに少しでも会社法に興味をもってもらい、さらに勉強してみたいと思ってもらえれば本書の役割を全うできたことになります。まずは、本書のガイド役であるオモカネ先生とともに、会社法の世界を楽しんでください。そして、本書で物足りなくなったそのときは、どんどん次のステップへと進んでください。

2023年2月

執筆者を代表して

柳　明昌

第1章

会社ってなんだろう？
企業形態、会社の分類

ビジネス学部のジョージ、ジュンイチ、ガイアは選択必修科目として
会社法を履修することになりました。

ジョージ

会社っていえば、やっぱり株式会社だよね。でもさ、お金を稼ぐためだけの事業じゃ面白くないし、魅力的には思えないなあ。自分たちさえ儲かればいいという目的で、たくさんの人から巨額の資本を集めて運用するというやり方は、これからは通用しない気がするんだよね。

そうかなあ。世界史的にみても、運河や鉄道の建設なんかには巨額の資本が不可欠だったんだから仕方ないんじゃないかな。株式会社が生み出す富が社会を豊かにしてくれたのは間違いないと思うよ。経済学者のケインズによれば、投資の動機になるのは計算を度外視したチャレンジ精神らしいよ。アニマルスピリットっていうんだってさ。

ジュンイチ

ガイア

私は子どもの頃、父の仕事の関係で、発展途上国で暮らしていたの。経済的な発展だけを追求すると、貧富の格差が激しくなって、国にとってはマイナスになることを実感したわ。だから株式会社には、地域社会に利益を還元するような活動にも積極的に取り組んでほしいな。

会社法で「会社」と呼んでいるのは営利法人のことです（➡図表1-1）。
「なぜ会社を作るのか」を理解するには、なぜ「法人」組織（3条）を選択するのか、なぜ「営利」を選択するのかを理解する必要があります。
営利とは事業活動から得られる利益のことです。この利益は、「株式」を買うことで事業のスポンサーとなってくれた株主にお返しすることで、さらに多くの投資を集め、事業を大きくすることにつながります。
もうひとつの「法人」は少しわかりにくい概念です。具体例で考えてみることにしましょう。

オモカネ先生

I なぜ会社を作るのか？

　ジョージ、ジュンイチ、ガイアの3人が共同でアイスクリーム屋を始めるとする。

　アイスクリームを売るためには、店舗を借りて器具を揃え、原材料を仕入れなければならない。そのためには不動産屋、器具メーカー、食料品店など多くの取引先との契約が必要になってくる。このとき、もし誰か特定の個人が取引先と契約を交わすと、その人が何らかの事情で事業を離れることになったとき、取引先と他の共同事業者は新たに契約を交わさねばならなくなる。しかし、これでは効率的な事業運営はできないし、取引相手にも迷惑をかけてしまう。そこで、特定の組織にも個人の代わりとして法律上の権利や義務が帰属することを認めることにした。

*1 法人を作るためには登記が必要となる（49条・579条）。また、法人が単なるヒトの集まりを超えて法の上でもヒトとして認められるには社会の承認（法律の規定）を要する（民法33条）。

*2 債権者とは債務者にお金を請求する権利をもつ人のこと。この場合はA社が債務者、X銀行が債権者となる。債権回収については第15章2商事仮処分を参照。

*3 営利企業
会社法上は、旧商法のように会社が営利法人であることを定める規定（旧商法52条）は存在しないが、営利性が前提とされている（105条2項参照）。

　これを、人間のヒト（自然人）と区別して、法の上のヒトである法人[*1]という。つまり、権利義務の帰属主体になれる人には、自然人と法人があるということになる。法人はうまく使えば社会的に有用である一方、望ましくない形で濫用されるおそれもある。例えば、倒産の危機にあるA社が、債権者X銀行による強制執行を免れるため、新たにB社を設立して事業を継続するような場合である[*2]。X銀行がB社から債権回収を試みようとしても、B社はX銀行の債務者ではないので、この主張は法的に無意味であるということになりかねない。そのような法人格の独立性を認めてしまうと、正義・衡平に反する結果となる。そこで、この事案の処理に必要な限りで、B社を独立した人格とはみなさず、A社とB社を同視してX銀行のB社に対する請求を認める。これを「法人格否認の法理」という。

　3人がアイスクリーム屋を始めた目的は、アイスクリームをたくさん売って利益を得ることである。そして、各人の負担と責任を平等にして法人を立ち上げることにした。営利企業[*3]の誕生である。

II 会社を作るときに考えておくこと

1 想定される事態とその対応策を考える

　会社法のエッセンスを理解するには、共同で会社を作るとき、あらかじめどういう取り決めや仕組みが必要となるかを考えてみるとよい。自分が事業活動を始めるつもりになって、どんな問題に直面するかを考えてみよう。

①決定権（コントロール）

　誰が事業活動の在り方・方向性を決めるか。

②チェック、モニタリング

　誰かが事業活動を行うとした場合、ほかの者がチェックするなり、モニタリングする必要はないか。

③損益の分配、責任のリスク

　事業が成功したときに利益をどのように分配し、反対に事業が失敗したときに損失をどのように分担するか。

④投下資本の回収

　事業がうまくいかなかったり、事業方針をめぐる意見の対立などから、もはや共同事業を継続できなくなったときに、すでに事業に投資したお金をどのように取り戻すことができるか。

　会社法が定めている内容はすべて、上記①〜④のいずれかに含まれるといっても過言ではない。そして、これらの要素のバリエーション（組み合わせ）によって、多様な会社形態が区別される（図表1-1）。

図表1-1　企業の分類

```
私企業 ─┬─ 営利企業 ─┬─ 非法人企業 ── 組合、匿名組合
　　　　│　　　　　　│
　　　　│　　　　　　└─ 法人企業 ── 会社 ─┬─ 持分会社
　　　　│　　　　　　　　 (➡Ⅱ)　　　　　　│　合名会社
　　　　│　　　　　　　　　　　　　　　　　│　合資会社
　　　　│　　　　　　　　　　　　　　　　　│　合同会社
　　　　│　　　　　　　　　　　　　　　　　│
　　　　│　　　　　　　　　　　　　　　　　└─ 株式会社
　　　　│
　　　　└─ 非営利企業 ── 特定非営利法人（NPO法人）
　　　　　　 (➡Ⅳ)　　　　一般社団法人
　　　　　　　　　　　　　協同組合
公企業 ── 国・地方公共団体による管理・運営
```

　事業を行う際にあらかじめ考えておくべき最も重要な点は、事業がうまくいかないときの問題です。そこで、まずは、①事業がうまくいかない場合（最悪の事態）を想定して損失を誰がどのように負担するのか、②事業のあり方を誰が決めるか、また日々の業務を誰が行うか、③共同で事業を行う場合には、仲違いや急な資金が必要となったときなど事業から離脱する必要が生じたときどうするか、などの要素を考えておく必要があります。

2　会社の形態を決める

　事業を行う際には資金が必要である。例えば、3人がそれぞれ100万円ずつ出資して事業を始めたとする。ところが冷夏でアイスクリームの売上げ

＊4 出資、損失分担と責任
出資は会社事業遂行の手段を提供するものであり、損失分担は社員関係の存続中は計算上の問題にすぎず、社員関係が終了したとき会社との間で決済される。出資と損失分担とは会社との間の内部関係の問題であるのに対し、責任は会社債権者に対する外部関係の問題である。

＊5 責任の種類
最初に以下について確認しておこう。
●直接責任、間接責任
社員が会社債務につき会社債権者に対して直接弁済義務を負う場合を直接責任、会社債権者に対して会社を通じて間接に責任を負う場合を間接責任という。
●無限責任、有限責任
社員の責任が一定額を限度とする場合が有限責任、そうでない場合を無限責任という。無限責任は、社員の直接責任の場合のみ問題となるが、有限責任は社員の直接責任の場合のほか、間接責任の場合にも使われる。
なお、無限責任を負担する場合でも、それは会社債務についての従属的な責任であり、しかも会社財産により債権の満足を受けがたい場合に追及される第二次的責任にとどまる（581条・580条1項各号）。

＊6 最終的には内部の負担割合に応じて50万円ずつ負担する（民法499条・442条）。

は思うように伸びず、会社の金庫にお金がなくなってしまった。しかし、原材料は仕入れてしまったので、業者に対する支払いが150万円残っているとする。このとき、3人がそれぞれどのような責任を負うかは、どの会社形態を選ぶかによって違ってくる＊4。

（1）責任の種類＊5

まず、責任の及ぶ範囲には2種類あることを押さえておこう（**図表1-2**）。

①直接無限責任

この場合は3人がそれぞれ出資した100万円を失うほか、原材料費の150万円についても連帯して納入業者に対して支払わねばならない＊6。

②間接有限責任

当初の引受価額である100万円は失うが、さらに連帯して150万円（内部的には負担割合に応じて50万円ずつ）を支払う必要はない。債権者が事業失敗のリスクを負担する結果となる。

合資会社の有限責任社員及び合同会社の社員は、出資額に限定されるが、会社債権者に対して直接の責任を負う（580条2項）。

図表1-2 直接無限責任と間接有限責任

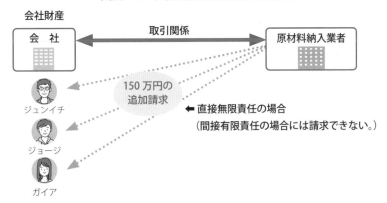

コラム **株式会社をめぐる問題は古くて新しい**

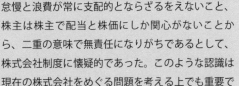
200年以上前に株式会社の問題点を指摘した人がいたんだね！

アダム・スミスは、すでに18世紀の後半に、『国富論』のなかで、株式会社制度の抱える本質的な問題点を鋭く見抜き、一般に株式会社の起源といわれる東インド会社の失敗を予言するかのようなことを書いている。すなわち、株式会社は他のどの形態よりもはるかに大きな富を引き寄せることを可能にするが、取締役は他人の貨幣の管理者であることから、怠慢と浪費が常に支配的とならざるをえないこと、株主は株式で配当と株価にしか関心がないことから、二重の意味で無責任になりがちであるとして、株式会社制度に懐疑的であった。このような認識は現在の株式会社をめぐる問題を考える上でも重要である。

（2）会社の形態による責任の違い

3人は法人を設立したのだから、納入業者の取引相手は法人である。したがって、本来、納入業者は会社の財産から支払いを受けるべきであり、社員[*7]が責任を負う必要はない。しかし会社法は、会社の形態によって直接責任を負う場合を定めている。会社法が定める会社の形態は以下の4つである。

*7 ここでいう社員は会社員という意味ではない。第2章参照。

> 株式会社：社員（株主と呼ばれる）が有限責任を負う（104条）
> 合名会社：社員全員が無限責任を負う（576条2項）
> 合資会社：有限責任社員と無限責任社員の両方が混在する（576条3項）
> 合同会社：社員全員が有限責任を負う（576条4項）

合名会社・合同会社・合資会社をまとめて持分会社と呼ぶ[*8]（575条1項）。社員が対外的に無限責任を負う場合に、どのように損失を分担するか（損失分担[*4]）について、持分会社では定款で負担割合（内部関係）を決めることができるが、何も決めなければ各自の出資価額に応じることになる（622条）。

*8 持分
一般に、会社における社員の地位（社員権）を持分といい、株式会社における社員の地位（社員権）を株式という（➡第2章）。持分会社における「持分」には、①社員の地位そのものを意味する場合（585条：持分の譲渡）、②社員が会社財産に対して有する分け前を示す計算上の数額を意味する場合（611条：持分の払戻し）の2つの意味がある。

*9 株主が取締役となることが禁止されるわけではない。

（3）会社の形態と業務の執行

事業がうまくいかなかったときのことを考えれば、経済的なリスクは小さい方がよい。そのため、会社組織のうち、株式会社か合同会社のどちらかを選択することになるだろう。では、どちらが最善の選択なのだろうか。さらに、日常的な業務のあり方や経営方針などを誰が決めるのか、取引先との契約にあたり誰が会社の代表者になるのかについて見てみよう。

①株式会社

株主が株主としての立場で業務執行や対外的な取引を行うことはない。株主や株主以外の者が取締役あるいは業務執行取締役として会社の業務を執行する[*9]（348条・363条。公開会社では株主に資格を限定することは許されない。331条2項）。つまり、株式会社は取締役のような第三者機関を有する、少し複雑な機関構成（➡第3章）をもつ会社である。

会社法　331条2項

株式会社は、取締役が株主でなければならない旨を定款で定めることができない。ただし、公開会社でない株式会社においては、この限りでない。

> 合同会社は世界的な
> トレンドですね！

コラム　**株式会社はもう古い？**

会社の種類ごとの法人数（累積数）や単年度の設立件数を見れば、現在も株式会社が最多であることに変わりはない。これに次いで多いのが合同会社である（図表1-4、1-5参照）。合同会社は、もともと企業価値の源泉が有形資産から無形資産へ、競争力の源泉が物的資産から人的資産へと変わるポスト産業資本主義に合わせて導入された。モノを作って売ることよりも、アイデアやサービスに主眼を置く業態に向いている。最近では、欧米の著名なグローバル企業の日本法人（Apple Japan や Amazon Japan）が合同会社化した事実が報道され、株式会社はもう古いのではないかといった声も聞かれる。

②持分会社（合名会社・合資会社・合同会社）

　原則として社員がみずから業務執行や対外的な取引を行い、所有と経営が分離していない（590 条 1 項・599 条 1 項）。つまり、取締役のような機関の設置は強制されず、持分会社は自己機関（➡第 3 章）を有する会社である。

（4）会社の形態と投下資本の回収

　再びアイスクリーム屋の例に戻ろう。3 人のあいだで経営方針が大きく異なってしまい、ついに 1 人が事業をやめたいと望んだ場合、いったん出資した財産（投下資本）を取り戻すことはできるだろうか。

①株式会社

　原則として他の者の意向にかかわらず、株主としての地位（株式）を自由に譲渡することができる[10]（127 条）。株主は、自分の所有する株式を株式市場などで売買して現金に換えれば、自分の出資した財産を回収することができる。発行している株式が証券取引所で取引されている会社を上場会社という（➡第 10 章）。

②持分会社（合名会社・合資会社・合同会社）

　社員相互の信頼関係が重視され、持分の譲渡についても原則として他の社員の承諾が必要とされる（585 条 1 項）ため、出資した財産を取り戻すのは容易ではない。そこで、会社関係の拘束から離脱（退社＝地位の消滅：606 条）をする場合に持分の払戻し（611 条）が認められている。

（5）どの会社形態を選ぶのが賢明か

　以上を手掛かりとすると、3 人はどの会社形態を選ぶのが賢明だろうか。責任のリスクを最小限に抑え、所有と経営が未分離で「会社のかたち」に柔軟性があり、損益の分配について自由に決めることができ、友人同士・家族関係の事業という性質を維持しやすいのは、社員の入れ替わりが制約され

*10 ただし、会社法により、株式の譲渡制限（107 条 1 項 1 号・108 条 1 項 4 号）がなされている場合を除く。

会社法　127 条
株主は、その有する株式を譲渡することができる。

コラム　合名会社・合資会社は利用されているの？

歴史と伝統を背負った会社形態なんだね！

　合名会社・合資会社は、もともと三井・三菱という財閥家の事情に合わせて作られた制度であるといわれる。例えば、三菱合資会社は、財閥家の事業という性質を保つため、事業の所有と経営を一致させ（決定権）、あくまで同族以外の者が株主となる危険を排除しつつ（持分〔地位〕の譲渡の制限）、有限責任の利益（損失のリスクの限定）を享受するためのものであった。

　現在では合名会社形態を採用している企業の多数は小規模零細企業で、その他の企業形態と比べると採用している企業数は少ないが、合名会社には創業が古い企業が多く、地域的には沖縄県で多くみられることが知られている（タクシー会社や泡盛製造会社など）。また、昔ながらの技術を大切にしている「八丁味噌」の本社（愛知県岡崎市）は合資会社形態を採用している。

ている合同会社ということになるだろう（**図表1-3**）。ただし、世間の信用を考えたり、あるいは、事業が成長軌道に乗り、多額の資本を必要とする状況になったりした場合には株式会社の利用を検討することになるだろう。

図表1-3を参考にして、自分ならば3人にどの会社形態を勧めるか、その理由は何かを考えてみてください。

図表1-3　会社の形態による違い

区別の基準	持分会社			株式会社
	合名会社	合資会社	合同会社	
損失リスク （社員の責任）	無限責任	無限責任＋有限責任	有限責任	有限責任
決定権	ジュンイチ、ガイア、ジョージがそのまま事業を行う ＝所有と経営の未分離 （一定の範囲で所有と経営の分離が認められる）			取締役として、ジュンイチ、ガイア、ジョージあるいは別人が行う ＝所有と経営の分離
地位（持分）の譲渡 ＝投下資本の回収	他の社員の承諾を要する 有限責任社員 →合同会社と同じ		業務執行権限あり →他の社員の承諾 業務執行権限なし →業務執行社員の承諾	原則、自由譲渡 譲渡制限可（2条17号）
	退社の自由・退社に伴う持分払戻請求権			
損益の分配	定款で自由に決められる			（利益の分配）出資比率に応じる
税制	法人課税（二重課税。パススルー課税は認められない）			

考えてみよう

　出資者が有限責任のメリットを享受できる形態としては、株式会社または合同会社が有力である。大規模な事業を行うために資本を結集する必要があれば、株式会社が便利かもしれない。そうでない場合には、閉鎖性を維持できる合同会社が便利なように見えるが、株式会社においても株式の譲渡制限を行えば閉鎖性を維持できる。**図表1-4**に掲げる株式会社と合同会社の違いを手がかりとして、法人の設立件数に占める合同会社の割合が増加している理由について考えてみよう。

図表1-4　株式会社と合同会社の違い

	株式会社	合同会社
定款認証	必要、3～5万円（公証人手数料）	不要
登録免許税	15万円または 資本金の額の0.7%のうち高い方	6万円または 資本金の額の0.7%のうち高い方
設立期間	3週間程度	2週間程度
決算公告義務	あり	なし
機関設計	一定の機関設計の強制	定款で自由に決められる

会社の形態による違いは理解できましたか？　ここまでは事業がうまくいかなくなったときの話を中心にしてきました。しかし、企業形態の選択にあたっては、じつはもう1つ、きわめて重要な要素があります。それは税制の視点です。次節では、事業がうまくいって利益が出たときのことを考えていきましょう。

Ⅲ　税制のマジック

　事業が順調にいき、お金が入ってくれば、税金を支払わねばならない。学生バイトも会社員も個人事業者も、所得に応じて税金を支払っている。

　これは法人も同じである。法人は共同事業者と同様に独立した課税主体となる。つまり、事業が法人化されると、法人所得に課税された後、さらに個人所得にも課税される。法人化によって、1つの利益に対して2段階で課税されることになるのである（法人税と所得税の二重課税の問題）。

　2006年の会社法施行時に日本に合同会社が導入されたとき、モデルになった米国のLLC（Limited Liability Company）と同様に二重課税が回避されるかが注目されたが、日本版では認められなかった。

　しかし、株式会社であっても課税を少なくする手段はある。例えば日本の会社の8割から9割を占めるといわれるオーナー社長[*11]の会社では、親族を役員や従業員にしていることが多い。この場合、利益が出ても株主には配当せず、従業員への給与の支払いなどによって課税所得を減らし、実質的に二重課税を回避することが可能になる。倫理的な判断は別としても、二重課税の問題だけで法人設立の損得を判断することはできない。

*11　オーナー社長
自ら事業を立ち上げた創業者やその一族が、多数の株式を保有し経営を支配している会社の社長の呼称。企業価値の高い企業が多いといわれる。ソフトバンクの孫社長、楽天の三木谷社長などがオーナー社長である。日産自動車のカルロス・ゴーンのようなサラリーマン社長と区別される。

Ⅳ　非営利企業とは何か

3人の目的はアイスクリームがたくさん売れて大儲けすること、つまり営利目的です。通常、このように営利目的で設立され、法人格を認められたものが「会社」です。一方で、何らかの社会的な目的を掲げる企業が、事業活動から得られる利益をその目的達成のために使う非営利企業も存在します。非営利活動であっても従業員には生活費が必要ですから、活動に従事する人々の雇用が確保される点でも存在意義があります。

特定非営利活動促進法 5条

特定非営利活動法人は、……当該特定非営利活動に係る事業以外の事業（以下「その他の事業」という。）を行うことができる。この場合において、利益を生じたときは、これを当該特定非営利活動に係る事業のために使用しなければならない。

非営利企業は企業であるにもかかわらず、利益の分配を目的としないという点について不思議に思うかもしれない。しかし、地域の高齢者のために食事をつくって届ける、あるいは里山を守り育てその活用を図るなどの活動をはじめとする社会貢献活動を行う非営利団体として法人格を与えられたNPO法人（Nonprofit Organization）は聞いたことがあるだろう。ここでいう非営利とは、団体が利益をあげてはいけないという意味ではなく、利益があがってもそれを社員に分配することなく、団体の活動目的を達成するための費用に充てることを意味する。

また、公益も営利も目的としない業界団体や社会貢献組織などに法人格を与えられるものとして、法人設立件数において第3位を占める一般社団法人[12]がある。一般社団法人は、その事業活動から利益をあげることはできても、社員に利益の分配をすることは認められていない[13]。

このようにNPO法人と一般社団法人は、社員に対する利益の分配が認められない（＝非営利）こと、法人であることのメリットを享受できること（法人名義での契約締結や銀行口座の開設など）という共通の特徴がある一方で、一般社団法人は、NPO法人と比べて、設立時に行政庁の許認可を要せず、行える事業に制限がなく、年度ごとの活動報告が義務づけられていないなど、活動上の制約が少ないというメリットがある。

[12] 一般社団法人は、公益認定を受けると公益社団法人となる。また、社員を不可欠の要素とする点で、定款に示された設立者の意思を活動の準則とする一般財団法人と異なる。

[13] そもそも持分というものが規定されていない。一般社団法人及び一般財団法人に関する法律11条2項・35条3項・239条参照。

Ⅴ　企業形態のまとめ

大学で講じられる会社法の授業時間の多くは株式会社の説明に充てられる。そして統計データが示すように、現実にも新設件数を含め株式会社の数が最も多い（**図表1-5、1-6、1-7**）。

しかし、社会ではもっと多様な企業形態が使われていることも事実であ

持続可能な社会貢献事業のためにはいいかも！

コラム　企業の社会的責任をめぐる新しい波

営利法人であるか非営利法人であるかという二者択一的な発想にとらわれない、いわばハイブリッドな企業形態がすでに米国の多くの州において認められている。ベネフィット・コーポレーションといわれる形態である。株主利益ばかりではなく、企業活動に関わるさまざまなステークホルダー（利害関係者）の利益を考慮しながら経営を行うことが求めら

れる。営利目的と非営利目的とを同時に追求することから、取締役がどのような義務・責任を負うと考えるかは難問であるが、とりわけリーマンショック後に注目されるようになったシェアリングエコノミー（共有型経済）において、営利企業の最後の形態として注目に値する。

り、株式会社も多様な企業形態の 1 つと位置付けることができる。もちろん事業内容が優れていることが最も大事であるが、法律論としては、それぞれの事業の特性を踏まえつつ、各企業形態のメリット、デメリットを比較衡量することにより、最適な企業形態を選択することが求められる。その際、会社法のエッセンス・分析道具の有用性（➡Ⅱ）を想起してもらいたい。

図表 1-5　2021 年度末における会社数（概数）

株式会社	201 万社
特例有限会社	148 万社
合同会社	25.3 万社
合資会社	8.9 万社
合名会社	1.8 万社

法務省民事局商事課による統計

図表 1-6　法人格別新設法人数の推移

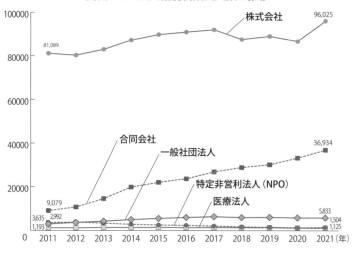

東京商工リサーチ「新設法人動向調査」より

図表 1-7　2021 年度に新設された法人の割合

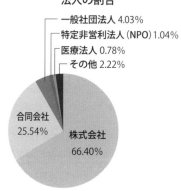

東京商工リサーチ「新設法人動向調査」
（2021 年度版）より

この章ではさまざまな企業形態について見てきました。なぜ多様な企業形態が存在するのかについては、損失のリスク、決定権の所在、持分の譲渡方法といった区別を用いれば理解することができます。
次章からは、株式会社の仕組みをさらに詳しく見ていきます。

課　題

1. 会社法の施行（平成 18 年 5 月 1 日）に伴い、有限会社法が廃止され、旧有限会社は株式会社として存続する（「特例有限会社」という）（会社法の施行に伴う関係法律の整備等に関する法律（平成 17 年法律 87 号（以下、整備法）2 条）ものとされたが、その商号に有限会社の文字を用いなければならない（整備法 3 条 1 項。有限会社という名の株式会社）。整備法を手掛かりとして、特例有限会社と株式会社の異同について整理してみよう。

2. 東京証券取引所の「市場区分見直し（2022 年 4 月〜）」の概要（JPX の HP 参照）を踏まえた上で、日本市場における株式保有比率（株式会社東京証券取引所ほか「2021 年度株式分布状況調査の調査結果について」参照）から何が読み取れるか分析してみよう。

第2章

社員と会社員はどう違う？
株式

ジョージ

会社法上の会社には、株式会社と持分会社（合資会社・合名会社・合同会社）が
あって、それぞれ出資者が負う責任が違うことはわかったよ。でも、そもそも会
社にとって「出資」を受けることは、銀行などからお金を借りることと何が違う
のかな？

「出資者」って株主のことだよね。でも、出資者のことを「社員」と呼ぶことも
あるらしいんだ。社員って会社員（従業員）とは違うのかな？　ちょっと頭が混
乱してきちゃったよ。

ジュンイチ

ガイア

株式が値下がりすると株主は損するんでしょ？　もし出資した会社が倒産した
りしたら大損しちゃうよね。それでも出資者はなにか得することがあるのかな。
会社の経営に関わったりもできるってこと？

会社法上、出資者は「社員」とされて、会社の重要事項の決定権（コントロー
ル権）を与えられています。それでは、なぜ会社法は、そのように出資者に会
社のコントロール権を与えているのでしょうか。このことを理解するために
は、そもそも「出資」とは何なのか、つまり、会社にとって出資を受けること
は、銀行などからお金を借りることと何が違うのか、出資者は、会社に出資す
ることによってどのような利益を得ることができるのか、といった点を理解
しなければなりません。なかなかの難問ですが、本章では、これらの点につい
て、特に株式会社の場合を念頭に置きながら、なるべくわかりやすく解説する
ことにしましょう。

オモカネ先生

Ⅰ　社員とは何か

　　会社法上の会社には、株式会社と持分会社（合資会社・合名会社・合同会社）がある。これらの会社の最大の相違点は、「出資者」がどのような責任を負うのかが異なるという点にあった（➡第 1 章Ⅱ2）。他方、共通点としては、いずれも営利社団法人である点が挙げられる。営利性と法人については、第 1 章Ⅰで説明したから、本章では社団性について取り上げることにしよう。

　　社団とは、同じ目的を有する人の集まりのことをいう。その人たちは社員（社団の構成員という意味）と呼ばれ、組織・運営・管理に関する最終的な決定権限（コントロール権）が与えられる。誰を社員であるとみて組織のコントロール権を与えるかは、始めから決まっているわけではないが、わが国や先進諸国の多くの会社では、出資者（株式会社では株主、持分会社では社員と呼ばれる）が社員であるとされて、会社のコントロール権（経営者を選ぶ権利など）が与えられている。社員とは、このようなものであるから、世間でいう「会社員」（会社に雇われて業務に従事する者）とはまったく異なることに注意してほしい。

Ⅱ　出資とは何か

　　会社法では、出資者が社員であるとされて、会社のコントロール権を与えられている。それでは、そもそも「出資」とはどのようなものであろうか。会社にとって出資を受けることには、金融機関などから「貸付け」を受けるのと比べて、どのような違いがあるのであろうか。以下では、株式会社の場

> 会社と社団と社員はややこしいから
> 整理して覚えておこうっと

発展　一人会社は社団といえるのか

　　社団性と関係する問題として、かつて、社員が 1 人しかいない株式会社（一人会社と呼ばれる）の存在が認められるのかが問題とされたことがあった。1 人しか社員がいなければ「人の集まり」（社団）とはいえないのではないか、そうであるなら、一人会社は会社（社団）なのに社団でないということになって、存在が許されないのではないかという問題である。しかし、実際上、一人会社を認める必要性は高い一方（例えば、世に株主が親会社だけである 100％子会社は多いが、一人会社を否定すると 100％子会社は設立できなくなる）、一人会社を認めることで、実際上の弊害が生じるとは考えにくい。そこで、現在では、たとえ 1 人しか社員がいなくても、その後に社員が増える可能性がある以上は、潜在的には人の集合体であるというロジックで、一人会社も適法であるとされている。

合を念頭に置きながら、この点を説明することにしよう。

　株式会社という法形態でどのような事業を行うにせよ、事業を行う場合には、相応の資金が必要である。事業を始めようとするときには元手が必要になるし、事業を継続するにも運転資金が必要になるから、そうした資金をどのように調達するかが問題になる。すぐに思いつくのは、銀行などの金融機関からの「貸付け」を受けるという方法であろう。

　貸付けを受けるという資金調達方法には、以下のような特徴がある。①銀行等の債権者には、あらかじめ契約で定められた額・率（例えば年利3％など）の利息を支払う。こうした利息の支払いは、業績がよくて資金的余裕が大きいときはまったく問題ないが、業績が悪いなどの理由によって資金的余裕が小さければ、会社にとって不都合であろう。また、②期限が定められるのが通例であるから、期限が来れば会社は負債（元本）を弁済する必要がある。このことも、資金的な余裕があるとか、新たに貸付けを受けることが可能であれば問題ないが、そうでなければ、やはり会社にとっては不都合である。

　貸付けを受ける方法は広く用いられているが、ときに会社にとって上記のような不都合が生じることもあるから、それとは異なる特徴をもつ資金調達方法を別途用意しておく方がよいと考えられる。そこで会社法は、株式会社について、人々から「出資」を受けるという方法を用意している。この方法と貸付けを受ける方法とでは、主に以下の3点で異なる。

　第1に、会社が出資を受ける場合、出資者に支払うべきリターンは不確定である。ざっくり言うと、会社法上、会社の資産から債権者の取り分（負債

個人株主の持ち株を全部合わせても外国企業の持ち株の方が多いのね！

コラム　上場会社とその株主

　証券取引所で株式が売買されるようになることを「上場」といい、そのように証券取引所で売買されている株式（上場株式）を発行している会社のことを「上場会社」という。

　2022年3月末の時点で、わが国の証券取引所における上場会社の数は合計で3918社である。また、上場会社の株主数は合計で約6614万人であり、そのうちの約97.7％にあたる約6460万人が個人株主である。ただし、株式保有比率（金額ベース）の多い順に並べると、外国法人等が30.4％、信託銀行が22.9％、事業法人等が20％、個人・その他（日本国籍の個人および国内の法人格を有しない団体）が16.6％、生保・損保・その他金融機関が4.7％、証券会社が2.7％、都銀・地銀等が2.5％、政府・地方公共団体が0.2％である（全国4証券取引所「2021年度株式分布状況調査の調査結果について」参照）。このように、個人株主は、数は多い一方、株式保有比率はそう多くないが、その原因は、個人株主の1人あたりの保有株式数が少ないことにある。

〔元本〕と利息）を除いた、残りの部分の額の大小に応じて、出資者が会社から受け取るリターン*1 の額も変動する。そのため会社は、大きな資金的余裕があるときは出資者に多くのリターンを支払うが、小さな資金的余裕しかなければ少しのリターンしか支払わなくてよい（最悪ゼロでもよい）ことになる。

そのことを出資者の側からみると、出資をする場合は貸付けをする場合と比べて、ハイリターンを得られる可能性がある一方、会社の業績に関する不確実性（リスク）を甘受しなければならず、どれほどのリターンが得られるかの不確実性が大きい（ハイリスクである）といえる。

第 2 に、会社法上、株式会社が出資を受けた場合は、出資金それ自体は基本的には出資者に返却しないものとされている。一見すると、この点は出資者にとって非常に不利であるようにみえるが、実はそうではない。出資者は、たしかに会社からは基本的に出資金の返却を受けられないのであるが、「剰余金の配当」を受けるといった方法のほか、「株式」を第三者に売却するという方法（➡ Ⅲ 1）によって出資金を回収することが可能なのである。

第 3 に、会社法上、出資者の権利は、債権者の権利に劣後する。つまり、会社が消滅する（解散する）場合には、まず会社は債権者に元本と利息を弁済し、その後、残った財産があれば、株主はそこから分配（残余財産の分配）を受けることができる（105 条 1 項 2 号・502 条）。また、先に触れたように、会社が継続する場合でも、会社の資産のうち、債権者の取り分（元本と利息）を除いた残りの部分からしか、剰余金の配当を受けとることができない。

Ⅲ　株式とは何か

1　株式の意義

出資者には、会社からリターンを受け取る権利*2 が与えられる。また、出資者には、会社をコントロールするための権利*3 も与えられる。

このように出資者が出資の対価として得る、会社に対するさまざまな権利のことは、ひっくるめて株式と呼ばれる。また、会社から株式の発行を受けて株式を保有する者、または、そうした株式保有者から株式の譲渡を受けて株式を保有する者は株主と呼ばれる。株式会社の 1 つの大きな特徴は、株式を発行して人々から出資を受けるという方法で資金を調達できる点にある。

株式は、「株主が会社との間で有する法律関係の総体」あるいは「株主としての資格・地位」とも説明できる。しかし、会社との間の法律関係（資

*1 このリターンは、会社を継続する場合は主として「剰余金の配当」という形をとり、会社を解散する場合は「残余財産の分配」という形をとる。

*2 「剰余金の配当」を受ける権利や「残余財産の分配」を受ける権利など。こうした権利は自益権とも呼ばれる。

*3 こうした権利は共益権とも呼ばれる。後ほど触れるように（➡ Ⅳ 1）、株主の会社経営への参与は原則として株主総会を通じて行われるところ、株主総会に関連する権利としては、株主総会における議決権（105 条 1 項 3 号・308 条）、取締役への説明請求権（314 条）や議題・議案の提案権（303 条〜305 条）、

株主総会の招集権（297条）などがある。また、株主には、会社経営を監督・是正するための権利（監督是正権）として、株主総会決議取消訴訟（831条）などの各種訴訟の提訴権、会計帳簿閲覧等請求権（433条）などの各種書類の閲覧等請求権なども認められている。

格・地位）といっても、株主は会社に対して権利は有するものの、義務は負わないから（104条参照）、上記の説明と実質的には変わらない。

❷ 株主が出資によって利益を獲得する方法

　株主が出資によって利益を獲得する主な方法は、大きく分けて2つである。まず第1に、会社から剰余金の配当（会社が解散する場合は残余財産の分配）を受ける。第2に、株主は、会社からは出資金の返還を受けられないが、株式を他人に譲渡することによって利益を得ることもできる。

　例えば、ジュンイチがA株式会社に1000万円出資し、A社がその1000万円を用いて事業を行ったところ、業績が好調で、5年後には、ジュンイチが毎年A社から500万円の剰余金配当を受けられることが見込まれるようになったとしよう。この場合、ジュンイチは、株式を保有し続けて、毎年の剰余金配当を受け取るという方法で利益を得ることができる。あるいは、そのような高額の配当が期待できる株式であれば、高い価格で他人に売ることもできるであろう。仮にガイアに3000万円で株式を売却できたとすると、ジュンイチは、毎年の剰余金配当を待つことなく、即座に出資金1000万円を回収したうえで、さらに2000万円の株式売却益を手に入れることになる（図表2-1）。

図表 2-1　株主が出資によって利益を獲得する方法

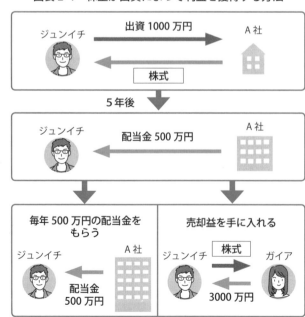

　このように株主が利益を得るには2つの方法があるが、仮に株式の譲渡が自由でなく、株主が株式売却益を手に入れにくいということになれば、株主になろうとする者も少なくなって、出資金が集まりにくくなる可能性がある。そこで、会社法は、出資を促進する観点から、株式会社の株式は自由に譲渡できることを原則にしている（127条）。

Ⅳ　株主・会社経営者の分離と株主のコントロール権

1　株主と会社経営者の分離

　株式会社では、株主自らが会社経営を行うわけではない。株主が取締役を選任し、基本的には、この取締役が、出資金や借入金、あるいは、株主に配当せずに会社内部に留保した剰余金を用いて会社経営を行う*4。

　会社法上、取締役は株主総会*5で選任される。株主総会とは、株式会社の意思を決定するための会議体であり、すべての株式会社は必ず株主総会を置かなければならない（295条・326条参照）。株主総会での意思決定は、株主の議決権の行使によって行われる*6。株主総会でどのような事項に関する意思決定を行うかは、各会社で必ずしも同一ではないが、会社経営者である取締役の選任・解任（329条・339条）は、すべての会社で株主総会が決定するというわけである。また、そのほかにも、定款*7の変更（466条）、他社との合併*8（783条1項・795条1項等）のように会社の組織・運営のあり方に大きな影響を及ぼす事項は、すべての会社で株主総会が決定しなければならないから、会社法上、株主には会社のコントロール権が与えられているといえる。

*4　所有と経営の分離
このように株式会社では、株主と会社経営者である取締役の地位は、制度上分離されている（「所有と経営の制度上の分離」と呼ばれる）。ただし、株主が取締役となることは認められるし、中小規模の閉鎖的な会社ではむしろそれが通常である。

*5　株主総会について、詳しくは第3章・第4章参照。

*6　株式の内容には、株主総会における議決権も含まれる（105条1項3号・308条）。

*7　定款とは、各会社において、その組織・運営・管理のあり方について定める根本規則のことである（実質的意義の定款）。それを記載した書面（記録した電磁的記録）を指す意味で用いられることもある（形式的意義の定款）。
定款には、会社の目的、商号（会社の名称のことである）、本店所在地などは必ず記載されるほか、例えば、信頼関係のない者が株主になって会社経営に関与してくることを避けるため、株式を譲渡するときに会社の承認を要することにしたい場合（株式譲渡制限）には、その旨を記載するといったことが行われる。

*8　合併については第14章参照。

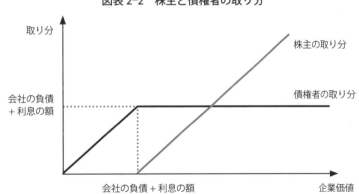

図表 2-2　株主と債権者の取り分

❷ 株主に会社のコントロール権が与えられるのはなぜか

　それでは、なぜ会社法は、株主（出資者）に会社のコントロール権を与えているのであろうか。歴史的な要因もあるのだが、それを別にすると、以下のような理由が挙げられる。

　第1に、株主が会社からどれほどの剰余金配当を受けられるかは不確定であり、業績がよくて会社資産の価値（企業価値）が債権者の取り分（負債〔元本〕と利息）を超えて大きくなればなるほど、株主が受けることができる剰余金配当も多くなる[*9]。このように株主のリターンは会社の業績によって変動するために、人々が会社に出資して株主になるかどうかを決めるときも、取締役がどのような行動をとるのか（それが会社の業績の行方を左右する）に関心を抱くことになる。

　ところが、もし将来、取締役がどのような行動をとるか（企業価値を増やすような経営をきちんと行ってくれるかどうか）がまったくわからないとしたら、おそらく出資するのをためらう者が多く、出資が集まりにくくなる危険があるであろう。そうかといって、株主と会社（または取締役）の間で、将来起こりうるすべての状況を予想したうえで、それぞれの状況で経営者がどのような行動をとるべきかを定める契約を結んで、そうした契約をまもらせることは、現実には不可能に近い[*10]。そこで、その代わりに、会社法は、取締役が企業価値を増やすような経営を行うよう、取締役の行動をコントロールする権利を株主に与えている。株主としては、例えば、きちんと企業価値を増やす経営をしてくれそうな人を取締役に選び、そうでない人は取締役から解任するというように、コントロール権をうまく行使すれば、企業価値を増やすような経営が行われやすくなって、多額の剰余金の配当を受けることが可能になるし、株式も高い価格で売却することが期待できる。こうして会社法は、株主にコントロール権を与えることにより、出資が集まりにくくなる危険を防ごうとしている。

　第2に、株主に会社のコントロール権を与えることは、社会の富の最大化につながるという意味でも、望ましいと考えられる。先ほど述べたように、株主は、企業価値を増やすような経営が行われるようにコントロール権を用いると期待される。その結果、企業価値を増やすような経営が実現されやすくなるが、そもそも会社が利益を上げて企業価値を増やすためには、社会にとって価値のある財やサービスを生み出すことが必要だから[*11]、企業価値を増やすような経営が実現されやすくなるということは、それだけ社会にとって価値のある財やサービスが生み出されやすくなること、つまり、社会の富の最大化が実現されやすくなることを意味すると考えられる。

Ⅴ　均一の割合的単位としての株式

　株式は「均一の割合的単位」の形をとる。株式とは株主の会社に対する権利の総体であるから、それが「均一の割合的単位」の形をとることは、各株式の権利内容が等しいことを意味する*12。つまり、会社法上、株主には、剰余金の配当を受ける権利のように、会社からリターンを受ける権利に加えて、株主総会での議決権のようなコントロール権も与えられるが、株主が複数存在する場合には、これらの権利は株主間で、基本的にその持株数に応じて配分される（109 条）。

　例えば、A 社の株主が 2 名であり、株主であるジュンイチとガイアがそれぞれ 7 株・3 株の株式を保有しているとすると、A 社が剰余金配当を行う場合には、全額の 70% をジュンイチ、30% をガイアが受け取る（454 条 3 項）。また、A 社が株主総会を開催する場合は、ジュンイチに 7 議決権、ガイアに 3 議決権が与えられることになる（308 条 1 項。これを「一株一議決権原則」という）。

　ここでは主に株式会社の場合を念頭に置きながら説明してきました。出資者である株主には、会社からリターンを受け取る権利（剰余金の配当を受ける権利など）や会社のコントロール権（株主総会での議決権など）が与えられること、そうした権利をひっくるめて株式と呼ぶこと、株主に会社のコントロール権が与えられる理由について、理解してもらえたでしょうか。ただし、現実は、株主に会社のコントロール権を与えるだけで企業価値を増やすような会社経営が実現する、というほど簡単ではありませんので、他のアイデアもいろいろと必要になってきます。次章では、そうしたアイデアの 1 つとして、株主に代わって経営者を監視・監督する者を置くというアイデアについて、見ていくことにしましょう。

課題

　株式の価格（株価）は、基本的に、その株式を保有することによって、どれほどの剰余金の配当を受けられると予想されるかによって決まると考えられる。それでは、上場会社の株価は、具体的にどのような場合に上昇したり、下落したりするであろうか。例えば、東京証券取引所の適時開示情報閲覧サービスを利用しながら、上場会社がどのような情報を公表したときに、株価がどのように変動したのかを調べてみよう。

ジュンイチ

会社は法人というキャラに進化することで、法律上、人間と同じように扱われ、活動できるんだね。法人になれば銀行からお金を借りて、でかい本社ビルを建てたり、工場を造ったり、労働者を雇ったりしてどんどん会社を大きくできる。いきなり最強キャラの誕生だ！

ゲームじゃないんだから、そんなに都合よくはいかないでしょう？　お金を借りれば返さなくちゃいけないし、材料費だって人件費だってかかるんだから、とにかく儲けを出すことを考えなくちゃ。そういうことは法人じゃなくて人間、つまり経営者の仕事よ。

ガイア

ジョージ

どの業者と、どのタイミングで、どんな条件で取引するか、どんな人材を雇ってどんな仕事をしてもらうか、資金の不足をどうやって補うか、そういうことを計画して実行するのが経営者の仕事。つまり、法人というキャラが死なないように、大きく立派に育てるのは、プロデュースする人間たちの能力にかかっているということだね。

会社が会社としての意思決定や意思表示をする部門を機関といいます。例えば株式会社ならば、株主総会、取締役、取締役会、会計参与、監査役、監査役会、会計監査人、監査等委員会、指名委員会等などが、機関として会社法に定められています。もともと株式会社は、多数の株主から出資を得て大規模企業を実現するのに適した会社形態として発展してきました。しかし、現在の株式会社は、大規模企業だけでなく、少数の固定的な株主しかいない小規模企業にも対応可能な、柔軟な会社形態として位置づけられています。
本章では、株式会社の機関について見ていきましょう。

オモカネ先生

I 機関とは何か

1 法人の意味

　会社は**法人**であって（3条）、自然人と同じように権利義務の帰属主体として認められる（➡第1章）。すなわち、会社自身が、お金や物（土地・建物などの不動産や機械・備品などの動産）を所有したり、金銭債権を持ったり金銭債務を負ったりできる。これは、会社の構成員である社員・株主とは独立に、会社が法的に人格を認められていることを意味する。では、どのようにして、会社は、そうした権利を得たり、義務を負ったりするのだろうか。

2 法人の法律行為

　会社に権利義務が新たに帰属したり、帰属していたものが他者に移転したりするのは、通常、そのような内容の合意（契約）をしたことの結果（法律効果）として発生する。契約をするには、相手と、合意のための意思表示を交わす必要がある。契約を結ぶと、そこで約束（合意）したとおりの法律効果（権利義務の発生・変更・消滅）が、契約当事者に帰属する。例えば、仕入先と売買契約を結んだ結果として、商品引渡請求権（債権）を得、対価として代金支払債務を負う。銀行との間で金銭消費貸借契約を結んだ結果として、資金を得る代わりに、所定の時期に利息を払うべき債務を負い、また、借りた金額を期限に返済すべき債務を負うといったことである。

3 会社機関の意味

　法人である会社は、自然人と違って脳も口も手足もないので、会社に代わって、自然人（または自然人を構成員とする会議体）が、意思決定し、対外的に意思を表明し、あるいは決めたことを実行に移す（事実行為や代表行為）、

法人がどこまで人間と同じなのか？
実に哲学的なテーマだなあ！

発 展	**法人実在説・法人擬制説**

　法人制度は、自然人以外に権利義務の帰属点となるべき法主体を認めるものであるが、法人の本質をどのようなものとして捉えるべきかについては古くから議論がある。法人格を与えるべき社会的実在があるとする見方と、実在性を否定し、あたかも人間が存在するのと同じように扱う法技術にすぎないとする見方（擬制説）とが対立する。

　前者の実在説では、法人の意思・行為を認め、機関のする意思決定や行為は、すなわち会社自身が意思決定し、あるいは行為するものと捉えることになり、擬制説によれば、機関とは、法人に代わって意思決定や行為（代理）をする権限を与えられた存在と説明することになる。「頭脳」「口・手足」という説明は実在説的な説明である。

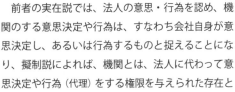

＊1　会社代表機関
会社に代わって、法律行為を
し（具体的には、契約などの
法律行為を構成する意思表示
の発信・受領）、また通知・
催告を発信・受領する権限
（会社代表権限）を有する機
関。

というようにして実現していくことになる。このような会社に代わって活動する地位を認められた存在を機関と呼ぶ。株主総会や取締役会は株式会社の意思決定機関、つまり会社の頭脳の役割を果たし、代表取締役は会社代表機関[1]として会社の口や手足の役割を果たすことになる。

このように、会社の機関とは、会社組織上、会社に代わって、決定したり行為したりする権限を与えられた存在のことである。

Ⅱ　持分会社との比較

＊2　社員とは従業員の意味
でないことは第2章Ⅰ参照。

＊3　定款については23頁注
7参照。

＊4　定款の定めにより、業
務を執行する社員を定め、そ
の他の社員について、この権
利を有しないものとするこ
とができる（590条1項・591
条）。業務を執行する社員は、
会社代表権をも有するのが
原則であるが、定款の定めに
より、代表する社員を限定す
ることもできる（599条1項
後段・3項）。

＊5　**業務執行権限**
会社の目的事業を実現する
ための諸事項を決定し実行
する権限が業務執行権限で
ある。会社一般にとって究極
の目的は、利益を挙げること
（営利）にあるが、そのため
に具体的にどのような商売
をするか（例えばアイスク
リームの製造・販売）が目的
事業であり、目的事業を具体
的に実現することを会社経
営と表現するとすれば、業務
執行権限とは、会社経営権限
と言い換えてもよい。

会社法　331条2項

株式会社は、取締役が株
主でなければならない旨
を定款で定めることがで
きない。ただし、公開会
社でない株式会社におい
ては、この限りでない。

持分会社の場合と対比しながら、株式会社の機関について考えてみよう。

1　持分会社の機関

持分会社（合名会社、合資会社、合同会社）は、出資者である社員[2]が、原則として、自ら会社の業務執行（経営）を担い（590条1項）、会社を代表して（599条1項）活動する。定款[3]に別段の定めがない限り[4]、社員の地位に、会社業務執行機関としての地位と会社代表機関としての地位とが付随する。持分会社の社員になると、原則として、会社の機関としての地位にも就くということである。このことを、自己機関制と呼ぶ。

このように、持分会社の社員はそれぞれ機関地位を得ることになるが、複数の社員がそれぞれ勝手に業務執行権を行使できるわけではない。会社の業務は、原則として、社員の過半数をもって決定する（590条2項）。また、原則として、各社員（業務を執行する社員）が会社を代表する（599条2項）。

2　株式会社の機関

これに対して、株式会社では、所有と経営の制度的分離が図られていて、株主の地位と業務執行権限[5]および会社代表権限とは切り離されている。すなわち、株主総会で取締役を選任（329条1項）し、その取締役が経営を担当することになる[6]。また、代表取締役（47条1項括弧書）、代表執行役（420条1項前段：指名委員会等設置会社の場合）が会社を代表する。

会社法は、間接的な表現ではあるが、株主でない者も取締役になれることを示している（331条2項本文）。そうはいっても、通常は、株主の中から取締役が選ばれるから、その場合、現に株主である者が業務執行機関の地位に就くことになる。ここで重要な点は、機関における地位は株主としての地位とは切り離されていることである。このことを、所有と経営の制度的分離、あるいは第三者機関制と呼んでいる。このことは、株主有限責任制と並ん

*6 非取締役会設置会社では取締役（348条1項）、取締役会設置会社では取締役会（362条2項1号、監査等委員会設置会社につき399条の13第1項1号、指名委員会等設置会社につき416条1項1号）に業務執行権限が認められる。

で、株主になる（株式会社に出資する）ことの負担感を軽減し、大規模企業実現の制度的基礎を提供することにもなっている。

③ 社員・株主の責任と機関の分化

会社の経営がうまくいかないと、その責任は、無限・有限の違いはあるにせよ、社員・株主にかかってくる。逆に、うまくいけば、会社は利益をたくさん生んで、社員・株主も大きな見返りが期待できる。

持分会社は自己機関制を採るから、経営の失敗は社員自身が経営を誤ったのであり、その責任を自分たちで負うのは当然といえる。自分たちの責任になるのであるから、日頃から慎重に経営するであろう。もちろん、うまくいけば見返りも大きいから、慎重かつ一生懸命に経営することになる。

これに対して、多数の株主の参加する規模の大きな株式会社では、その大部分の株主は、直接、経営には関与しないし、関与させることは現実的でもない。普段は、自分たちが選んだ取締役に会社の舵取りを任せている。任された取締役も株主の1人であったとしても、経営が失敗した場合の責任は株主みんなで負うから、その負担は比較的軽い。だが、その分、慎重さを欠いた、大胆な経営をするかもしれない。大胆な判断が大きなリターンをもたらすこともあるが、度が過ぎると野放図な経営態度ということになる。商機とあらば果敢に攻める姿勢も必要だが、冷静さを失って引き時を逃すようでは困る。あるいは、株主の目が届きにくいのをよいことに、取締役が会社の利益を犠牲にして自身の利益を優先させたり、金儲けを優先するあまり、違法なやり方で事業を進めたりといったことも心配される。

所有と経営の分離は、仕事を持っていて忙しい人でも出資者（株主）とし

大企業のHPには組織図が公開されていることが多いよね！

| コラム | 会社の使用人（従業員）

事業が拡大してくると、取締役だけでは手が足りなくなるから、従業員を雇う。従業員は業務執行の一部を手伝うことになるが、与えられる仕事には、トラックで荷物を運ぶとか帳簿を付けるといった事実行為もあれば、商品仕入を担当して取引先の選別や取引条件を決め、先方と契約を結ぶといったことまで任されることもある。これらは、いずれも業務執行の遂行（意思決定・事実行為・代理行為）にほかならない。それは、業務執行機関（取締役会設置会社では取締役会）から、そのための権限を授けられ、その

与えられた権限に基づいて行うものである。

しかし、従業員は、本章で説明してきた「機関」になるわけではない。会社の機関といえるものは、あくまでも元になる権限を有している取締役会である。多数の従業員を使用して事業を展開する会社では、従業員組織を管理することが、取締役会の仕事の大きな部分を占めることになる。従業員を雇うほど余裕のない会社では、取締役自ら汗を流すしかない。

て会社に参加でき、会社としてもより多くの資本を集めることができるという利点があるが、反面、取締役に、合理的かつ真摯に経営にあたらせるための工夫が必要になる。

そこで、1つには、取締役を3人以上決めて、取締役会を構成し、その討議により意思決定し、また、取締役同士の相互チェックを期待するというやり方が考えられる。あるいは、お目付役として、取締役とは別に、監査役や会計監査人を置くという方法が考えられる（➡第8章）。監査役とは、取締役の職務の執行を監査する権限を持つ機関である[7]（381条1項）。また、会計監査人は、会社が作成する計算書類等（435条2項）を監査（会計監査）する権限を持つ機関である[8]（396条1項）。

＊7 監査役は、取締役や会社の使用人（従業員）に事業の報告を求め（381条2項）、あるいは、取締役会にも出席して（383条1項）、会社の業務と財産の状況をチェックし、結果を監査報告としてまとめて、株主に報告する。なお、監査役は、取締役会に出席し、発言も認められるが、構成員ではないから議決権はない。

Ⅲ　公開会社・非公開会社と取締役会の設置・非設置

＊8 会計監査人は、公認会計士または監査法人でなければならない（337条1項）。会計監査の専門家かつ外部者の立場からの監査が期待される。

すべての株式会社には、必ず、株主総会と、取締役1人以上が機関として置かれる（326条1項と同条見出し）。そのほかの機関、例えば、取締役会、監査役、指名委員会などをいかに配置するかについては、会社の公開性や規模などに応じて制約が出てくる。ただ、その場合でも一定の範囲で各会社が機関構成を選択できることとされている（326条2項）。こうした機関構成の具体的なルールを検討する前に、公開会社とそうでない株式会社、取締役会設置会社（2条7号）とそうでない株式会社の区別を見ておこう。

1　公開会社の取締役会設置強制

公開会社とは、発行する株式の1つでも譲渡制限の付されていない株式を発行する会社をいう（2条5号）。株式は、譲渡自由が原則であって（127条）、会社の関知しないところで転々と流通し、それに伴って株主も次々交代するのが株式会社の本則である。しかし、定款で定めれば、譲渡制限株式[9]

＊9 譲渡制限株式とは、「株式の内容として譲渡による当該株式の取得について当該株式会社の承認を要する旨の定めを設けている場合における当該株式をいう」（2条17号）。

株式を上場するには厳しい基準をクリアしないといけないそうよ！

コラム　公開会社と上場会社

日常の用語法では、上場会社の意味で「公開会社」の言葉を使うことが少なくない。上場会社は、発行している株式が証券取引所（金融商品取引所）で取引対象とされている（上場されている）会社をいう（上場会社は全国で3700社弱。➡第13章Ⅲ4）。会社法上の用語としての公開会社は、上で説明したとおり、譲渡制限の付されていない株式を1つでも発行する会社を指す。ただ、株式の上場が認められるには、証券取引所の定める上場基準により譲渡制限株式でないことが求められているから、上場会社はすべて会社法上の公開会社であることになる。

を発行することもできる。発行株式全部を譲渡制限株式とする会社が、非公開会社である*10。機関構成上のルールとして、公開会社は、必ず、取締役会を置かなければならない（327条1項1号）。非公開会社では、取締役会を置くか置かないかは、原則として任意である。

したがって、公開会社はすべて取締役会設置会社であるし、非取締役会設置会社はすべて非公開会社であると言うことができる（**図表3-1**）。取締役会設置会社だからといって、公開会社とは限らないことに注意してほしい（公開・非公開と取締役会設置・非設置は1対1対応していない）。

図表3-1　公開会社・非公開会社と取締役会設置・非設置

公開会社	非公開会社
取締役会設置会社	非取締役会設置会社

2 取締役会設置会社と非取締役会設置会社

図表3-2のとおり、取締役会設置会社*11では、取締役は3人以上であることを要し、取締役会はそのすべての取締役により組織され、取締役会が業務執行権限を有する。会社代表権限は、取締役会で選定された代表取締役が有する。非取締役会設置会社では、取締役は1人以上でよく、各取締役が業務執行権限と代表権限を持つ。

図表3-2　取締役会設置会社・非設置会社の各権限の所在

	取締役会設置会社 (図表 3-3 ④～⑩、⑫～㉔)	非取締役会設置会社 (図表 3-3 ①～③、⑪)	根拠条文
取締役の員数	3人以上	1人以上	331条5項(362条1項)、326条1項
業務執行権限	取締役会	各取締役	362条2項1号など、348条1項
会社代表権限	代表取締役	各取締役	362条2項3号など（代表執行役：420条1項前段）参照、349条1項本文
株主総会の権限	会社法・定款所定事項に限る	限定なし	295条2項、同条1項

取締役会設置会社か否かにより、株主総会（➡第4章）の権限が変わってくることに注意しなければならない。取締役会設置会社の株主総会は、業務執行は取締役会に委ね、原則として株主総会はそこには踏み込まないこととされているのに対して、非取締役会設置会社では、株主総会は業務執行事項にもその権限が及ぶことになる。

*10 公開会社・非公開会社
種類株式の1つとして譲渡制限株式が認められている（108条1項4号）から、種類株式発行会社では、譲渡制限株式と制限のない株式（後者を以下便宜的に「譲渡自由株式」とする）とを同時に発行することがありうる。そうすると、株式会社には、①譲渡自由株式のみ発行する会社、②譲渡自由株式と譲渡制限株式の両方を発行する会社、③譲渡制限株式のみ発行する会社の3つのパターンがありうる。③が非公開会社であって、①と②は公開会社である。

*11 監査等委員会設置会社と指名委員会等設置会社は、取締役会を置かなければならない（後述）から、必ず取締役会設置会社である。取締役会設置会社には、この2つの機関構成の会社も含まれる。

会社法　362条2項
取締役会は、次に掲げる職務を行う。
一　取締役会設置会社の業務執行の決定
二　取締役の職務の執行の監督
三　代表取締役の選定及び解職

株主が多数で流動的な会社では、経営に関する事項は経営の専門家である取締役に任せることが、株主にとっても合理的であると考えられる。公開会社に取締役会設置を強制するのは、そうした理由からだと考えられる。一方、非公開会社で取締役会の設置を強制しないのは、株主が少数かつ固定的であって、経営についても高い関心を持っていると考えられるからであろう。ただし、非公開会社でも、取締役会設置会社を選択することはできる（326条2項）。それぞれの会社の実情に応じて、機関構成を選択することが認められているのである。

Ⅳ　機関構成のルール

株式会社の機関構成は、それぞれの会社の実情に応じて、自由に設計できることとされるが、一定の制約もある。機関構成のルールを概観し、そうしたルールになっている理由を考えてみよう。

1　公開会社

会社法　327条1項

次に掲げる株式会社は、取締役会を置かなければならない。
一　公開会社
二　監査役設置会社
三　監査等委員会設置会社
四　指名委員会等設置会社

図表3-3の公開会社の列⑯〜㉔を見ていこう。

公開会社は、取締役会を置かなければならない。⑳㉓監査等委員会設置会社または㉑㉔指名委員会等設置会社を選択する場合、取締役会を置かなければならないから、このいずれかを選択することは、取締役会設置会社を選択したことになる（327条1項）。

図表3-3　公開会社・非公開会社と取締役会設置・非設置

	非公開会社	公開会社
非大会社	①取締役 ②取締役・監査役 ③取締役・監査役・会計監査人 ④取締役・会計参与 ⑤取締役会・監査役 ⑥取締役会・監査役・会計監査人 ⑦取締役会・監査役会 ⑧取締役会・監査役会・会計監査人 ⑨監査等委員会設置会社 ⑩指名委員会等設置会社	⑯取締役会・監査役 ⑰取締役会・監査役・会計監査人 ⑱取締役会・監査役会 ⑲取締役会・監査役会・会計監査人 ⑳監査等委員会設置会社 ㉑指名委員会等設置会社
大会社	⑪取締役・監査役・会計監査人 ⑫取締役・監査役・会計監査人 ⑬取締役会・監査役会・会計監査人 ⑭監査等委員会設置会社 ⑮指名委員会等設置会社	㉒取締役会・監査役会・会計監査人 ㉓監査等委員会設置会社 ㉔指名委員会等設置会社

*12 大会社
株式会社についての分類概念であり、全国に約 8000 社ある。最終事業年度の貸借対照表上、資本金計上額が 5 億円以上であるか、または、負債計上合計額が 200 億円以上である株式会社をいう（2 条 6 号）。なお、本章で、大会社に当たらない株式会社を「非大会社」とする。

公開会社であって大会社*12 でもある会社は、㉒取締役会・監査役会・会計監査人、㉓監査等委員会設置会社、㉔指名委員会等設置会社の 3 つのいずれかから選択すべきこととなり、これ以外は選べない（328 条 1 項）。大会社は、通常、手広く事業展開していると考えられ、会社運営が適切でないと多方面に迷惑をかける。そこで、会社の業務・財産状況についてのチェック体制が最も厳しい機関構成（㉒〜㉔）が要求される。

取締役会設置会社では、監査等委員会設置会社または指名委員会等設置会社である場合を除いて、監査役を置かなければならない（327 条 2 項）。取締役会設置会社では、取締役の職務執行が適正であるかどうかについて、株主による積極的なチェックが期待できない。そこで、これを専門的にチェックする機関を置くべきこととしたのである。

2 非公開会社

次に**図表 3-3** の非公開会社の列①〜⑮を見ていこう。

*13 会計参与は、取締役と共同して、貸借対照表や損益計算書などの計算書類・その附属明細書等を作成する権限を認められた機関である（374 条 1 項）。その資格は、公認会計士や税理士等に限定される（333 条 1 項）。中小規模の会社で採用されることを念頭とした制度であるが、公開会社や大会社でも置くことができ、④を除く①〜㉔のいずれの機関構成にも追加して置くことができる（326 条 2 項）。

非公開会社では、取締役会の設置は任意である（326 条 2 項）。株主は通常、少数固定的であって、株主自ら取締役に就くことも多い。あるいは、取締役にならないまでも、経営の状況には関心を払うであろうから、監査役を置かないという選択肢も認めている（①）。

取締役会を置く場合には、監査役を置くのが原則である（⑨⑩⑭⑮を除く）。ただし、非公開会社で、会計参与*13 を置く場合、例外的に監査役を置かない機関構成（④）も認められる（327 条 2 項但書）。

大会社である非公開会社（⑪〜⑮）では、会計監査人を置かなければならない（328 条 2 項）。会計の適正性を確保することは、会社としての信用の前提となるからである。非公開会社で機関構成の選択肢が多いのは、株主の経営への関与の程度、経営体制や会計報告の信頼性を外部に示す必要性など、それぞれの会社の実情に応じて選べるようにするものである。

3 監査役会設置会社

*14 監査役会設置会社でない監査役設置会社では、監査役は 1 人以上でよく、社外性も必要とされない。

*15 監査役会を設置する場合でも、各監査役は、会社全体の監査について権限を有し責任を負う（390 条 2 項但書）。その点で監査役会設置会社でない会社の監査役の権限と変わりはないが、複数の監査役で役割分担して（同条 2 項 3 号）重複を避ければ、結果として実効的・効率的な監査が実現するであろう。
ただし、非取締役会設置会社に監査役会を置くことはできない（327 条 1 項 2 号）。

監査役会設置会社（⑦⑧⑬⑱⑲㉒）では、監査役は 3 人以上でなければならず、そのうち半数以上は社外監査役（2 条 16 号）でなければならない*14（335 条 3 項）。監査役会はすべての監査役で組織される機関である（390 条 1 項）。会社の規模が大きくなれば、監査すべき事項も多岐にわたり、複雑にもなる。監査役会を置くこととすれば、監査体制も組織的、効率的なものとできるであろう*15。併せて会計監査人も設置すれば、最高度のチェック体制を採るものと評価できる（⑧⑬⑲㉒）。

*16 監査等委員会設置会社
および指名委員会等設置会
社では、監査役を置くことは
できない（327条4項）。

*17 モニタリング・モデル
具体的な業務執行の決定は
執行役員に任せ、社外取締役
が多くを占める取締役会が
それを監督する、という手法
のこと。経営決定の迅速化と
監督の強化・客観化が期待
される。監査等委員会設置会
社でも、一定の場合に、モニ
タリング・モデルを採り入
れることができる。

*18 監査委員は、執行役と
の兼任は認められない（400
条4項）。

4 指名委員会等設置会社

指名委員会等設置会社（⑩⑮㉑㉔）は、2002年（平成14）改正で導入されたものである*16。業務執行の大部分を執行役に委ね（416条4項、418条）、取締役会は執行役の職務の執行を監督し（416条1項2号）、執行役・代表執行役の選解任権は取締役会が有する（402条2項、403条1項、420条）。経営の執行と監督を分離し、社外取締役（2条15号）の加わった取締役会が執行役を監督する、いわゆるモニタリング・モデル*17を取り入れるものである。決定の迅速性、監督の客観化が期待される。取締役は、業務を執行することは認められない（415条）が、執行役との兼任は認められる*18（402条6項）。取締役の任期は1年とされる（332条6項）。

取締役会の下には3つの委員会を置かなければならず、各委員会は取締役の中から選ばれた委員3人以上で組織される（400条1項・2項）。各委員会の委員の過半数は、社外取締役でなければならない（400条3項）。従来から、次期取締役候補の決定や取締役報酬の配分を、社長（代表取締役）が事実上独占し、他の取締役もこれに逆らえないような状況が上場会社でも見られた。指名委員会等設置会社では、これらを、社外取締役が過半数を占める委員会に委ねるものである（**図表3-4**）。取締役会には内部統制システム決定が義務づけられ（416条1項1号ホ・2項）、監査委員会はこれを利用して組織的監査を行う。

図表3-4　指名委員会等設置会社の機関構成と3委員会の権限

機関構成	取締役会・代表執行役・執行役・3委員会・会計監査人 （2条12号・327条1項4号5号・402条1項・420条1項）
指名委員会	株主総会に提出する取締役の選任・解任議案の内容の決定（404条1項）
監査委員会	執行役・取締役の職務の執行の監査（404条2項）
報酬委員会	執行役・取締役の個人別の報酬等の内容の決定（404条3項）

5 監査等委員会設置会社

*19 新設を機に、上場会社
では、監査役会設置会社から
の移行の動きが見られる（**図
表3-6**参照）。監査役会設置
会社では、社外監査役である
監査役の選任が義務づけら
れ、その上、社外取締役であ
る取締役の選任が要求され
る（327条の2参照）ことに
負担感があった。

監査等委員会設置会社（⑨⑭⑳㉓）は、2014年（平成26）改正で新設されたものである*19。監査等委員会は、監査等委員として選任された取締役（329条2項）で組織され（399条の2第1項・2項）、取締役の職務の執行を監査するなどの権限を持つ機関である（**図表3-5**）。取締役会には内部統制システム決定が義務づけられ（399条の13第1項1号ハ・2項）、監査等委員会はこれを利用して組織的監査を行う。監査等委員である取締役は、3人以上で、その過半数は社外取締役（2条15号）でなければならない（331条6項）。

監査等委員である取締役以外の取締役の任期は 1 年であるのに対し、監査等委員である取締役は 2 年とされる（332 条 3 項・4 項）。

　取締役の過半数が社外取締役である場合には、業務執行権限の大部分を取締役に委任することができる（399 条の 13 第 5 項）。これを取締役会が監督することで、指名委員会等設置会社における執行役への委任と同様、モニタリング・モデルを取り入れることもできる。

図表 3-5　監査等委員会設置会社の機関構成と監査等委員会の権限

機関構成	**取締役会・代表取締役・監査等委員会・会計監査人** （2 条 11 号の 2・327 条 1 項 3 号 5 項・399 条の 13 第 1 項 3 号）
監査等委員会	取締役の職務の執行の監査、株主総会に提出する会計監査人の選任・解任等議案の内容の決定、監査等委員である取締役以外の取締役の選任・解任等および報酬等についての意見の決定（399 条の 2 第 3 項）

図表 3-6　組織形態ごとの会社数の推移

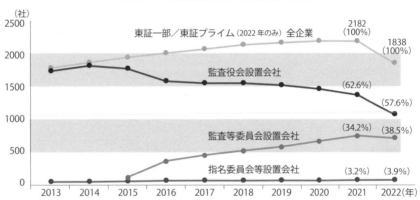

出典）日本取締役協会「上場企業のコーポレート・ガバナンス調査」（8 月 1 日集計）および
東京証券取引所「上場会社数の推移」（年末集計）から算出

株式会社では、どの機関構成を選択するかに応じて、業務執行権限・代表権限の所在が異なることに注意しましょう。また、所有と経営が分離する株式会社では、取締役の職務および会計報告の適正性・適法性を確保するため、それらを監査する機関が分化します。各会社は、実情に応じて、機関構成を選択することができます。よりチェック体制の厳しい機関構成を選択することは、業務の適正性・適法性確保に積極的であることを、対外的に示すことにもなります。

課 題

いろいろな会社の HP で、それぞれの会社がどのような機関構成を選択しているか調べてみよう。

毎年６月に入ると、新聞に株主総会の記事が載っているよね。３月が決算の上場企業が多いから、株主総会が６月に集中するんだってさ。いろんな会社の株式を持っている人は株主総会もハシゴしなくちゃいけないだろうから忙しいね。

ジュンイチ

ぼくの父は会社員だから、毎年６月が近づくと株主総会の開催準備で忙しいってこぼしているよ。そういえば、父はＡ社の株主なんだけど、仕事の都合でＡ社の株主総会には行けないというから、僕が代わりに行ってみたんだ。でも、父の代理で来ました、と受付で言っても会場に入れてもらえなかったんだよ。どうしてかな？

ジョージ

株主総会って、その会社の株主しか参加できないからじゃないの？　でも、最近の株主総会は、外国人投資家からの強い要請もあって、だいぶ様変わりしてきたって聞いたわ。かつては、会社が株主総会を短時間で終わらせようとしていた時代もあったみたいね。

ガイア

６月といえば一般的には梅雨の季節ですが、経済社会においては、上場企業の株主総会が一斉に開催されるため、株主総会のトップシーズンといわれてきました。ただ、昨今は、他社とはなるべく日をずらして開催する会社が増えている傾向にあります。本章では、株主が会社の重要な事項を意思決定する場である株主総会の運営に関して、株主の権利の行使を中心に学びながら、「集中から分散へ」といわれる株主総会の実態について歴史の流れの中で理解していきましょう。かつて「シャンシャン総会」と揶揄された時代を経て、今の株主総会の姿は、会社法という眼鏡を通して見るとどう評価できるでしょうか。最終的には、株主総会の本来のあるべき姿を考える視点を身につけてほしいと思います。

オモカネ先生

I 開け！ 株主総会

1 株主総会の権限

　株主総会は、株主を構成員とする会議体で、会社の最高意思決定機関である。株主総会は、すべての会社に必ず設置しなければならないが、その権限は、取締役会を設置しているか否かで異なる[*1]。取締役会を設置していない会社は、一般に所有と経営の一致した小規模会社であることが多く、株主総会は会社の組織、運営、管理その他株式会社に関する一切の事項について決定できる万能な機関とされている（295条1項）。

　一方、機関の分離が進み、取締役会を設置している会社では、株主総会は会社の基礎的かつ重要な事項[*2]に限り決定できる（295条2項）。こうした会社では所有と経営が分離しているが、会社法は、会社の実質的所有者である株主に対して、会社の基本的意思決定に参加できるよう保障しているのである。一方、経営事項に関しては、取締役会が決定する。

2 株主総会の招集手続

　株主総会は、開催時期によって名称が異なる。毎事業年度の終了後の一定の時期（決算期）に開催される総会を定時株主総会（296条1項）、必要がある場合に開催される総会を臨時株主総会（296条2項）と呼ぶ。

　株主総会を開催するためには、招集手続が必要となる。まず、株主総会の招集の決定である。通常、取締役（取締役会設置会社では取締役会）が、開催日時・場所、会議の目的事項（議題）などを決定する（298条1項）。また、経営陣が意図的に招集をしないおそれもあるため、株主が株主総会を招集する制度も認められている[*3]（少数株主による招集請求権）。

　次に、各株主に対して招集通知の発送を行う（299条1項）。公開会社の場合、総会日の2週間前までに発送しなければならない。招集通知には、開催日時・場所、議題等が記載される（299条4項・298条1項・規則64条）。書面投票や電子投票を採用する上場会社は、議決権を行使するための書面（議決権行使書面）、議決権行使につき参考となるべき事項を記した書類（株主総会参考書類）などの総会資料の交付も必要であるが（301条1項・302条1項）、その方法として定款の定めにより、紙の送付に代えて電磁的方法（会社のウェブサイトに掲載）による提供でもよい（電子提供措置[*4]。325条の2、振替法159条の2条1項）。

　このような招集手続が求められるのは、所有と経営が制度上分離した株式会社において、株主に株主総会への出席と準備の機会を保障するためで

*1 公開会社では必ず取締役会を設置しなければならないが（327条1項1号）、非公開会社では取締役会を設置するかどうかは会社の自由である。

*2 例えば、取締役・監査役・会計参与・会計監査人の選任・解任、合併など組織再編行為、定款変更、解散、その他株主の利害に重大な影響を与える事項などである。

*3 公開会社の場合、原則として6か月前から総株主の議決権の100分の3以上を持つ株主が、取締役に総会の目的事項と開催の理由を示して開催を求めることができる（297条1項）。請求後に遅滞なく招集の手続がなされない場合など一定の要件を満たせば、請求した株主は裁判所の許可を得て招集できる（同条4項）。

*4 電子提供期間は、総会日の3週間前または招集通知を発した日のいずれか早い方から総会日の後3か月を経過するまで行う必要がある（325条の3第1項柱書）。上場会社では本措置の導入義務がある（振替法159条の2第1項）。ただし、電磁的方法による招集通知の提供を承諾していない株主は、これらの資料を書面で交付してもらうことができる（書面交付請求。325条の5第1項）。

ある。なお、上場会社では開催日までに弁護士の指導のもと総会に従ってリハーサルを行うのが実際である。ジョージのお父さんが総会前に多忙を極めるのも、こうした招集のための準備に追われるからである。

Ⅱ 株主総会で株主ができること

＊5 議長
株主総会の議事を整理し、総会秩序を維持し、これを乱す者を退場させる権限を有する（315条）。一般に、定款で議長を社長に定めておくことが多い。

定時株主総会の場合、大まかな流れとしては、議長[5]による司会進行のもと、まず監査役や取締役から当期の監査報告や事業報告がなされ、次に議案が上程され、各議案に関する質疑応答を経て、最後に採決（決議）を行う。そのような中で、株主はどのような権利を行使できるのか見てみよう。

1 株主提案権

株主が株主総会を通じて会社に自らの意見を提案する権利である。株主の意向を会社経営に反映させ、会社経営陣と株主間のコミュニケーションを促進し、株主総会を活性化させることを目的とする。機関投資家などいわゆる「もの言う株主」（➡Ⅳ2）の人たちは、この権利を通じて自分の意見を表明している。株主提案権は、**図表4-1**のとおり3種類あり、それぞれ行使要件が異なり、会社が拒絶できる場合もある[6]。なお、議題と議案の区別[7]に注意してほしい。

＊6 議案通知請求権と議案提案権に関しては、株主による議案が法令・定款に違反する場合または実質的に同一の議案について、株主総会で総株主の議決権の10分の1以上の賛成を得られなかった日から3年を経過していない場合（通る見込みの低い「泡沫議案」と呼ばれる）、会社は対応する必要はない（304条但書・305条6項）。また、1人の株主が通知請求できる議案の数は10が上限である（305条4項5号）。

＊7 議題とは、会議の目的事項（株主総会で審議したいテーマ）であり（例：「取締役の選任の件」）、議題についての具体的な案が議案である（例：「A氏を取締役に選任する案」）。実際には議案が決議の対象となる。

図表4-1 株主提案権

	権利の内容	要件（取締役会設置会社の場合）
議題提案権 （303条）	株主が一定の事項について株主総会で話し合うことを請求する権利	総株主の議決権の100分の1以上の議決権又は300個以上の議決権を6か月前から引き続き有する株主（少数株主権）
議案通知請求権 （305条）	議案を招集通知に載せるように請求する権利	上同。なお、会議日より8週間前までに請求することが条件
議案提案権 （304条）	株主総会で議題とされている事項について議案を提出する権利	特になし（単独株主権）。当日、会場で急に提案もできる（動議）

考えてみよう

あなたが、会社が提案する取締役候補者とは異なる候補者を提案しようと考えている株主だとする。当然、自分が提案した候補者を株主総会で選出してほしいと思うはずである。では、そのためには、いずれの株主提案権を利用して提案するのが最も効果的だろうか。

2 質問権

株主は、審議の過程で質問することができる（質問権）。株主が、議案に対する賛否を決めるに当たって、必要な情報を得るためである。逆に言えば、取締役らは説明義務[*8]を負うことになる（314条本文）。

3 議決権

株主総会の山場は決議の場面である。株主総会の決議は多数決によって行われる。議決権とは、株主総会の決議に参加する権利である。つまり、議案に対して賛成か反対かを投票する権利である。議決権の数は、株主平等の原則に基づき、通常1株につき1個の議決権が与えられる（一株一議決権の原則：308条1項）。主な例外として、単元未満株式（189条1項）、自己株式（308条2項）、相互保有株式[*9]（308条1項括弧書）がある。また、株主が複数の株式を保有し、それを他人のために保有するという場合には、議決権の不統一行使[*10]が認められる（313条3項）。

本来、議決権の行使は、株主総会に出席して行うことが想定されている。では、仕事や遠方に住んでいるなどの事情で、株主総会に出席できない株主はどうするのか。会社法は、欠席株主の議決権行使の機会を保障するため、次の3つの方法を認める。①株主が代理人を選任して自分の代わりに議決権行使を依頼する方法（議決権の代理行使：310条）、②議決権行使書面に賛否を記入し郵送する書面による議決権行使（書面投票：298条1項3号）、③パソコン・スマートフォンで会社指定のウェブサイトにアクセスして行う電磁的方法による議決権行使（電子投票：298条1項4号）。①はすべての会社で、②は株主が1000人以上いる会社で強制される（298条2項。ただし、株主全員に委任状勧誘する場合を除く）。③はコストの問題もあり、どの会社でも導入は任意である。なお、①では株主から代理人に代理権が与えられたことを証明する書面（委任状）を会社に提出しなければならない（310条1項後段）。

最後に、決議の成立要件は、議決権の過半数の出席が原則である（定足数要件）。決議の可決要件については、①通常は、出席株主の議決権の過半数の賛成で決する普通決議（309条1項。例：役員の選任、取締役の報酬決定）であるが、株主にとって議題の内容が重要になると、②出席株主の議決権の3分の2以上の賛成を要する特別決議（309条2項。例：定款変更、組織再編、解散）や、③頭数要件が加重される特殊決議（309条3項4項。例：公開会社から非公開会社になるための定款変更）を要することがある。

なお、一定の場合には、決議を省略することもできる[*11]。小規模会社での手続の簡素化を図るためである。

[*8] ただし、議題とは無関係な質問や、説明すると株主共同の利益を著しく害するとき（例：会社にとって重要な機密事項に関わる質問）、説明に調査が必要なときなどに対しては、説明義務は生じない（314条但書規則71条）。

[*9] **相互保有株式**
下図の通り、株式の持合いで、一方が他方の議決権の4分の1以上を握る場合、握られている側で議決権行使が認められなくなる。A社がB社の経営を実質的に支配している状況下では、A社の現経営陣がB社を利用して自分たちに都合のよい議決権行使を支持するおそれがあり、A社の経営支配権の不公正を招きかねないからである。

B社株 を議決権ベースで4分の1以上保有していると…

保有する A社株 の議決権行使ができなくなる。

[*10] **議決権の不統一行使**
不統一行使とは、10株保有する株主が、1つの議案に対して、4株を賛成、6株を反対として議決権行使をすることである。また、他人のために保有する場合とは、例えば、信託会社が顧客の株式の管理を目的とした信託を受けた場合（株式の信託）、実質的な株主である顧客が、信託会社が株主名簿上の株主に対して議決権行使の具体的な指図をする。複数の顧客がいれば、皆が一様の意思を持つわけではないから、信託会社に不統一行使を認める必要があるのである。

*11 株主全員が、書面投票ないし電子投票により各議案に賛成の意思表示を示した場合、株主総会でそれらの議案は可決されたものとみなされる（書面決議：319条）。なお、報告事項についても、株主全員に通知し同意が得られれば、省略可能である（320条）。

*12 瑕疵
法律上何らかの欠点・欠陥があるという意味の法律用語。

*13 無効・不存在の確認の訴え
裁判所に対して、特定の権利関係の無効または不存在を主張し、それを確認する判決を求める訴えを確認訴訟という。決議の取消しの訴えと違い、訴えによらなくともよい。

*14 招集手続または決議方法の法令・定款違反がある場合であっても、①違反する事実が重大ではなく、かつ、②違反が決議に影響を及ぼさないものであると認められるときは、裁判所は、訴えを棄却することができる(831条2項)。

*15 遡及効
民法121条は、取消しの効力について定め、取り消された行為は、初めから無効であったものとみなすと規定することから、これを遡及効（遡及的無効）と呼ぶ。

ひとまず株主総会が終了しても、その招集手続や決議の内容が違法であったということもある。こうした瑕疵*12 ある決議の効力は、決議の公正を実現する見地のために否定されるべきである。

図表4-2を見てみよう。決議の効力を争う制度には決議の瑕疵の程度に応じて、決議の取消しの訴え、決議の無効確認の訴え、決議の不存在確認の訴え、の３つの主張方法がある*13。このうち、比較的軽微な瑕疵につき争える制度である決議取消しの訴えは、最も訴訟件数が多い。ただ、いったん成立した株主総会の決議が簡単に取り消されてしまうと、会社に関わっている多くの利害関係者に影響が及ぶことにもなる（決議が取り消されると、有効な決議を前提としてその会社と取引に入った取引先の期待を裏切ることになる）。そこで、**法的安定性**を図るため、決議の取消しは必ず訴えによらなければならないものとして、提訴権者および提訴期限が限定されている。また、ささいな瑕疵の場合には、裁量棄却の制度もある*14。

最終的に、決議取消の訴えにおいて裁判所が原告の主張を認め、決議取消しを認める判決を出すと、その判決の効力は、訴訟当事者以外の第三者（世間一般）にも及ぶ（**対世効**：838条）。これは、取消された決議が、訴訟当事者間にとって無効となるだけでは、それ以外の者にとっては有効のままとなってしまい、法律関係がややこしくなるからである（法律関係の画一的処理の必要性）。また、決議の効力は、決議時に遡って無効になる(**遡及効**)*15。

図表4-2　決議の効力を争う訴えの制度

	訴えが認められる場面	誰が（提訴権者）	いつまでに（提訴期限）
決議の取消しの訴え（831条1項）	①招集手続または決議の方法が法令・定款違反、著しく不公正 ②決議内容の定款違反 ③特別利害関係人の議決権行使により、著しく不当な決議がされたとき	株主、取締役、執行役、監査役など	決議の日から3か月以内に
決議の無効確認の訴え（830条2項）	決議内容の法令違反（例：分配可能額を超える剰余金配当決議）	誰でも	制限なし
決議の不存在確認の訴え（830条1項）	決議が実際に行われていない（例：総会の議事録を偽造して総会を開催したかのように見せかける）	誰でも	制限なし

考えてみよう

　議決権の代理行使における代理人の資格について、自分の会社の株主に限定する規定を定款に定める会社が多い。ジョージが株主総会への入場を拒否されたと言っていたのも、A社の定款にこれと同様の規定があったからである。なぜ、多くの会社でこうした定款が置かれているのだろうか。

Ⅳ　株主総会の実態とその変革

1　株主総会の形骸化

　まず、**図表4-3**のグラフを見てみよう。これは東京証券取引所の3月期決算の会社のうち、同じ日に定時株主総会を開催した会社の割合を示したものである。2022年は25.7%であるが、30年余り遡ると、1995年の96.5%を筆頭に、1980年代から90年代にかけて、90%台で推移してきたことがわかる。

　なぜこの当時、株主総会がこれほど集中して開催されていたのだろうか。その背景として、まず、総会屋[16]の存在がある。その素性の多くは暴力団員と目される者たちであり、この総会屋の来場を何とか避けようと、当時の会社は足並みを揃えて、株主総会を同日に一斉開催してきたわけである。この間、1981年（昭和56）に、総会屋の根絶を目指した商法改正が行われ、利益供与禁止規定[17]とそれに対応する罰則規定として利益供与罪・受供与罪が新設されたが、罰則が緩やかな制裁規定であったため、功を奏さなかった。

[16] 総会屋とは、法律用語ではないが、株主としての地位を濫用して会社に金品などを不当に要求する日本特有のプロ株主である（➡43頁コラム）。

[17] 会社が株主の権利行使に関して財産上の利益（現金・物品・サービス）を誰に対しても与えてはならないとする規定（120条1項）。

コラム　委任状勧誘による代理行使

ドラマみたいな委任状争奪が実際にあるんですね！

　本来、代理行使の制度は、株主自らが代理人を立てることが想定されるが、実際には、株主ではなく会社側がイニシアチブを取ることが多い。特に上場会社では、経営に関心のない株主が多いため、定足数の確保の目的で、招集通知に委任状用紙を添付し、委任状を返送するよう勧誘し（委任状勧誘）、株主は委任状用紙の賛否欄に記入のうえ委任状を返送し、会社がそれに基づきその株主の代理人として議決権を代理行使することがある。

　さらに、近年は、会社と対立する大株主が、取締役の選任をめぐって、会社提案と異なる議案を提案して自らの株主提案を可決させるために、株主総会における賛成票獲得を目指して委任状勧誘し、会社もこれに応戦して委任状勧誘を行うため、双方間で委任状の奪い合いに発展することもある。これを委任状争奪（proxy fight）と呼ぶ。例えば、2015年の大塚家具とその創業者オーナー間の争奪戦は、親子間での攻防としても話題となった。企業買収の前哨戦としても委任状争奪が繰り広げられることもある。

よって、当時の株主総会は、会社が株主との質疑応答の機会を意図的に避け、短時間で会社提案だけを可決させる議事を強行するスタイルが主流となり、「シャンシャン総会」[18]と皮肉交じりに呼ばれていた。

こうしたシャンシャン総会を助長していたのは総会屋だけではない。戦後の財閥解体以来、上場会社は、取引先や金融機関と相互に株式の持合いを活発に行い、いわゆる安定株主という、長期的に株式を保有し続け、株主総会では会社議案に賛同してくれるイエスマンを多数抱えてきたことも大きい。さらに、従業員株主（社員株主とも呼ぶ）を会場に動員し、他の一般株主の質問の機会を奪うような議事進行を促す役回りを担わせることも行われていた[19]。

*19 かつては、従業員株主
を会場の前方に優先的に着
席させ、議長の報告中付議に
対して一斉に「異議なし」「議
事進行」などと声を上げさ
せ、一方的に議事を進行させ
ることが行われていた。

他方で、一般の個人株主は、株主権行使に消極的である（現在も同様）。特に、多数の株主により株式が分散保有されている上場会社の場合、大株主を除く大多数の個人株主は、その持株比率は微々たるものであるため、議決権行使に関心・意欲を持てないかもしれない。つまり個人株主は、議案の検討にコストをかけ、結果として会社に利益をもたらす意思決定に貢献したとしても、会社から分配される利益は持株比率に従い他の株主と分け合うことになるだけで、投じたコストに見合うリターンが得られにくいことから、議案を検討するコスト（費用・時間）を避け、会社から提案された議案に賛成してしまうという問題がある（集合行為問題または株主の合理的無関心）。

このように、当時の上場会社は、広く株主の意見や意思に向き合う意識が希薄であり、会社も株主も株主総会に対して無気力な時代であったといえる。これでは、株主が、議決権行使を通じて経営に対する監視機能を果たす場としての株主総会というにはほど遠い実態であった。

そして現在もなお、集合行為問題のほか、**図表4-3**のとおり、株主総会の集中現象は大きく変わらず継続している。この主な要因は、3月期決算の上場会社が多いことにある[20]。なぜなら、3月期決算の会社のほとんどは、決算日（3月末日）を基準日に定めるため、その日から3か月以内に権利（例えば議決権）を行使させる必要があることから（124条2項）、結局、6月中〜下旬に定時株主総会を開催する会社が多くなるのである。

こうした株主総会の集中現象に見られる株主総会の形骸化・無機能化は、昔と今ではその事情や程度が多少異なるところはあるが、私たちの企業社会が長く抱えてきた課題の1つなのである。

② **株主総会の活性化へ向けた取り組み**

株主総会の形骸化からの脱却として、まず、総会屋の根絶に向けて法改正が行われた。当時相次いだ総会屋への巨額の利益供与事件を契機に、1997年（平成9）の商法改正で利益供与罪・受供与罪を一段と厳格化し[*21]、加えて総会屋が利益供与の要求をしたり、威迫しただけで処罰される規定も新設した。この法改正により、総会屋の勢いは減速し、株主総会の集中開催も減少に転じた（**図表4-3**）。また、形骸化の一因であった株式持合いによる安定株主構造に対し、海外からの批判が強まり、1990年代以降、株式持合いの解消が少しずつ進み、その代わりに外国人投資家が日本株の保有率を高

*21 利益供与・受供与罪の懲役刑の長期を「6月以下」から「3年以下」に、罰金額も「30万円以下」から「300万円以下」に引き上げられた。

図表 4-3　定時株主総会集中率推移

出典）東京証券取引所の公表資料（2022年3月期決算会社の定時株主総会の動向について）より

どちらも目当てはお金だし株主にとっては大迷惑だね

| コラム | **総会屋にも与党と野党** |

総会屋には2つのタイプがある。1つは、会社に金品等を要求し、会社がこれに応じなければ、株主総会で会社に不利益な発言をするなど議事を妨害する「野党総会屋」、もう1つは、会社から金品等を受け取り、会社の議事進行に協力する「与党総会屋」である（例えば、株主総会で役員に厳しい質問をする株主がいれば、質問を封じ込める威圧的な言動を行う）。不祥事などトラブルを抱えた会社は、総会屋に見返りを差し出して総会運営への協力を求め、総会屋は、要

請に応じて野党・与党として対応し、総会運営において一定の役割を果たすといった不適切な構図ができあがっていったのである。総会屋の存在は、わが国独特の社会的病理現象であると言ってよい。現在では、総会屋の活動は法による厳しい取り締まりや、企業のコンプライアンスの高まりにより沈静化しつつあるが、それでも例年6月になると、警察が総会屋の動きを注視し、会場の警備に当たり、会社側も警戒を弱めていない。

*22 機関投資家
顧客が拠出した大量の資金を株式などの有価証券への投資などを通じて運用・管理するプロの法人投資家。実際は、生保、投資ファンド、年金基金などを指す。

*23 もの言う株主
経営陣に対して、経営体制や事業内容の改善を提案するなど、企業価値の向上を目指して経営に積極的に関与する投資家。アクティビストとも呼ばれる。

*24 ソフト・ロー
民間などによる自主的な取り決めで、一般に国による強制力を伴わないが、私たちの行動に影響を及ぼす規範の1つ。対概念は、国が制定し法的拘束力を伴う規範であるハード・ロー（例：法律など法令）。

めていった（**図表4-4**）。こうして潤沢な資金力により多くの日本企業の大株主として存在感を増していった外国人投資家を含む機関投資家[22] は、「もの言う株主」[23] となった。そして株主提案権を通じて、経営陣に対して正面から率直な意見を突きつけ、業績不振が続くならば、現経営陣の退任を迫るなど、緊張感のある株主総会へ転換する契機の1つとなった。

近年は、株主総会の活性化に向けた自覚的な取り組みが一段と本格化している。それを推し進めたのが、次の2つのソフト・ロー[24] である。2014年（平成26）2月に金融庁から公表された機関投資家に向けた行動規範である「スチュワードシップ・コード」と、2015年（平成27）6月から上場会社に適用されている「コーポレートガバナンス・コード」（➡第5章）である。

図表4-4　投資部門別の株式保有比率

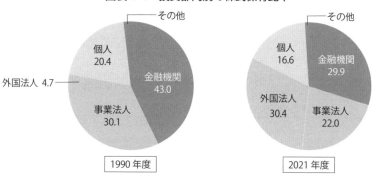

出典）日本取引所グループの公表資料（2021年度株式分布状況調査結果）を基に作成

コラム　バーチャル株主総会

社会の変化に対応するために株主総会も変化したんだね！

　従来、株主総会は物理的な会場で開催しなければならないとされてきた（会社法298条1項1号）。

　ところが、2020年に世界を襲った新型コロナウイルス感染症の拡大は、株主総会の実施方法を大きく変えた。会場での出席者の密集を避ける必要から、2021年に会社法の特例が設けられ、上場企業は一定の要件を充たせば、ネットワーク上にバーチャル会場を設けて開催する方法が可能となった。リアルな会場なしに完全バーチャル上で株主総会を開催することもできるし、リアルな会場とバーチャルな会場の両方を用意するハイブリッド型の総会も認められ

る。これにより、遠隔地の株主が参加しやすくなり、企業もリアル会場の設営コストを低く抑えることができる。

　ただ、株主のなりすましや、通信障害により株主がネットワーク上で議決権などの権利行使ができなくなるおそれ、また、経営陣が株主から事前に寄せられた質問を選別して、不都合な質問を意図的に排除する行為が起こりやすくなる懸念もある。法的課題は多いが、株主総会のデジタル化は、株主総会の活性化にもつながる。バーチャル株主総会の利点を活かす方向での法整備が期待される。

*25 両コードは、定期的に見直し（改訂）がなされている。

この両コード*25 によって、機関投資家は、投資先企業との対話を通じてその企業の企業価値の向上や中長期的な成長を促すことが要請され、上場会社は、株主の権利・平等性の確保や、透明性の高い情報開示に取り組み、株主との目的のある対話（エンゲージメント）が求められることになった。株主の合理的無関心や集合行為問題を抱える上場会社においては、議決権行使にかけるコストを上回る利益が得られる大株主（機関投資家）による株主総会への適切なコミットメントが高まってきている。

　一方で、私たちのような個人株主に対しても、経営への関心と理解を深めてもらおうと、総会資料に主力商品の紹介記事や役員のカラー写真を掲載したり、会場では大スクリーンで事業内容や業績推移をナレーション付きでわかりやすく伝えるなど、株主総会のビジュアル化が定着してきた。株主総会をIR*26 の場として活用する動きも広がっている。

*26 IR（Investors Relations）
株主向けの広報活動のこと。制度で義務づけられた開示に加え、企業による自主的な開示も含まれ、株主は投資判断に必要な企業情報を効率よく集めることができる。

　このように、すべての株主にとって開かれた株主総会を目指し、ルール整備や企業の自主的な取り組みが確実に進められている。

本章では、株主総会の招集と運営に関するルール、そして株主総会の実態についてみてきました。皆さんの中にも、実際の株主総会に参加してみたいと思った人もいるのではないでしょうか（株主になる方法については第10章参照）。
法は、株主総会を、所有と経営の分離の下で、株主が会社経営陣と向き合い、経営に参加できる唯一の場と位置づけ、株主にさまざまな権利を保障してきました。歴史を振り返ると、株主総会が本来の機能を果たしえなかった時代もありましたが、現在は、法の趣旨に立ち戻り、株主総会を会社と株主の対話の場にするべく、企業社会が一丸となって軌道修正に取り組んでいる最中と言えるでしょう。株主総会のあり方は、大局的には、次章のコーポレート・ガバナンスに関わる問題でもあります。会社運営における株主の役割はどうあるべきか、次章で引き続き考えていきましょう。

課　題

　実際の株主総会の模様は、各会社のホームページ上でライブ中継または録画配信をしていることが多い。本章で学んだ内容を確認しながら、リアルな株主総会の運営を視聴してみよう。
　例）ソフトバンク（ホーム ➡ 企業・IR ➡ 投資家情報 ➡ 株式と社債について ➡ 株主総会）

第5章 株式会社の永遠の課題？
コーポレート・ガバナンス

一流企業がデータを偽装したとか粉飾決算したとかのニュースがなくならないけど、どうしてなんだろう？　違法だとわかっていながらやらざるをえない状況に追い込まれてしまうのだとしたら、企業全体の問題だよね。（企業不祥事の主な具体例については本章Ⅴ参照）

ジョージ

表向きではコンプライアンス（遵法経営）を重要視しているというけど、やっぱり企業経営で一番大事なのは業績を上げることなんだよ。だからこそ、だめだとわかっていても数字をごまかす誘惑には勝てないんだろうね。

ジュンイチ

でも、そうやって一時しのぎをして経営課題を先送りにした結果、改革の遅れが命取りとなって会社の存続が危ぶまれる事態を招くことになったり、仲間の命の危険を伴うことになったら、かえって皆が不幸になるのよ。そういうのは本当の意味での愛社精神とは逆なんじゃないかしら。

ガイア

コーポレート・ガバナンスには、会社法のすべての問題を包摂するともいってよい広範な問題が含まれ、ガバナンスという言葉の広がりとは裏腹に、その意味内容を一義的に明らかにすることは困難を伴います。皆さんが日頃ニュースなどを通じて耳にする企業不祥事の発生とその原因・対処法を会社法の観点から考えることと理解するとイメージしやすいかもしれません。
コーポレート・ガバナンス論は、法律論のみならず、政治学、経済学、経営学、組織論など多様なアプローチが求められる学際的な問題です。

オモカネ先生

Ⅰ　ガバナンス論とコーポレート・ガバナンス論

❶　ガバナンス論

＊1　日本語で「統治」と訳される。

　ガバナンス＊1とは、会社・企業であれ、政府の活動や大学の運営であれ、組織がまっとうに存在するためにはどの組織にも備わっていなければならない機能のことである。物事を決める者がいて、それを実行する者がいて、それを監視・監督する者がいて、何か問題が起こったときに責任を追及する仕組みがなければならない。ところが、何らかの理由で組織が機能しなくなることがある＊2（機能不全）。組織がこのような機能不全に陥らないようにするにはどうしたらよいか（事前の観点）、そして機能不全に陥ったときにどのようにして正常な機能を回復するか（事後の観点）がガバナンスの課題といってよい。

＊2　最近の例でいえば、学校法人「森友学園」への国有地売却に関する決裁文書の改ざん問題や大学のスポーツ・入試の在り方をめぐる問題などがその例である。

❷　コーポレート・ガバナンス論

＊3　「会社統治」と訳される。会社法やビジネスの世界でコーポレート・ガバナンスという言葉が広く使われるようになったのは、おそらく1980年代初めに始まったアメリカ法律家協会による10年がかりのプロジェクト（Principles of Corporate Governance：Analysis and Recommendations）に由来する。わが国では、同プロジェクトについての研究がバブル崩壊後に精力的に行われるようになった。

　コーポレート・ガバナンス＊3は、株式会社に代表される経済的な組織に関するガバナンスの問題であり、どのようなガバナンスが最良であるかを考えるに当たっては、株式会社制度のメリットのみならず、デメリットを含めた特徴をよく見極める必要がある。コーポレート・ガバナンスの意味について見解は分かれるが、株式会社が適法かつ効率的に経営されるために、経営者をどのようにコントロールすべきかという問題と理解して差し支えない。

Ⅱ　株式会社とはどのような存在か

　株式会社の重要な特徴は、①出資者である株主の有限責任、②株式の自由譲渡性、③所有と経営の分離にある（➡第1章）。このような株式会社制度には次のようなメリットがある。①株主有限責任や②株式の自由譲渡性は、広範囲の投資家から多額の資本を集めることを可能にするし、③所有と経営が分離されていて必ずしも株主が経営を行う必要はなく、広く優秀な人材を集め、経営を委ねることが可能になる。株式会社が産業社会の発展のために不可欠の制度として広く普及してきた理由である。

　しかし、その一方で、株式会社制度にはデメリットもある。①株主が出資額を超えて責任を負うことがなく、しかも②会社で働く従業員とは異なり、何か問題が起これば株式を売って逃げる（譲渡する）ことも可能であるから、過大なリスクある経営を行ったり、無責任な態度をとる可能性も否定でき

＊4 アダム・スミスが『国富論』を著す半世紀前にはイギリスで南海泡沫（South Sea Bubble）事件が起こっていた。これに先立つ17世紀から18世紀初頭には、オランダでチューリップ・バブル、フランスでミシシッピー・バブルが崩壊する事件が起こっている。

＊5 わが国では、出光興産の創業者、出光佐三が、株式会社は「物の世界」でできた責任逃れの行き方だとして、株式会社に懐疑的な立場を表明していた。

ない。また、③株主が出資したお金を預かる経営者が常に株主の利益になるように行動するとは限らず、経営者個人の利益を追求する誘惑にかられるかもしれない。このとき、株主は他の株主が経営者をチェックすることを期待したり、あるいはそもそも時間やコストをかけてチェックすることは割に合わないと諦めてしまうかもしれない。

　企業経営に対する株主と経営者双方の無責任（二重の無責任）があることは、18世紀後半にアダム・スミス（➡11頁コラム）が指摘していた[4]。資本主義の父と称されるアダム・スミスでさえ、株式会社制度のデメリットを除去・緩和する制度が未整備の段階では株式会社制度に懐疑的とならざるをえなかった[5]。そしてこのようなデメリットを認識することからコーポレート・ガバナンスの問題はスタートする。

Ⅲ　コーポレート・ガバナンスの課題は何か

1　モラル・ハザードへの対処

　株式会社を株主の所有物であるかのように考えると、株主の合理的な期待に応える経営やそれを支える制度が「よきガバナンス」ということになる。経済学では、株主のお金を預かる経営者を株主の利益を実現するように規律づけることがガバナンスの問題であると理解する。経営者の規律づけが必要となるのは、株主（本人）と経営者（代理人）との関係にはモラル・ハザード（モラルの荒廃、倫理の欠如）の問題があるからである。

　トランプゲームのババ抜きを例に考えてみよう。誰しも自分だけはババを引かないようにと願い、もしババを引いてしまったら少しでも早く他人

誰も最後の監視者になれないなら無限のループが終わらない！

コラム　**番犬を誰が見張る？**

　少なくとも地方では防犯対策として犬を飼うということはよく見られた。実際に泥棒よけに一定の効果があるとされていた。しかし、特殊な訓練をしている犬ならいざ知らず、一般家庭でペットとして飼っている犬がいついかなるときも番犬として吠えると信頼することができるだろうか。

　これと同様の問題について、ローマ時代の諷刺詩人・ユウェナリスは「監視者を誰が監視するか」という問題として詩的に表現した。その後、この問題はさまざまな文脈で共有されているが、コーポレート・ガバナンスの議論にもあてはまる。経営者をチェックする方法として、株主総会、取締役会、社外取締役、監査役、社外監査役、会計監査人を置くなど試行錯誤を繰り返してきたが、これらの監視・監督者（機関）が会社・株主のために適切にその権限を行使しているかを誰が監視・監督するかという問いから逃れることはできない。

にそれを回そうとするだろう。じつは、この心理はモラル・ハザードと同様である。ゲームならば笑っていられるが、もし大きな損失リスクを含む金融商品が市場に出回ったらと想定すると事態は深刻である。このようにモラル・ハザードとは、自己にとって望ましい行動を追求することが、社会や他者に多大なる悪影響（マイナスの効果）をもたらす現象である。

経営者や株主だって、自分の行動やその結果が誰にも知られず、誰からもチェックされなければ、社会や他者がどうなろうとお構いなく自分の利益を追求する誘惑にかられるかもしれない。また、以下で述べるように、従来は経営者によるモラル・ハザードが議論の対象とされてきたが、株主によるものが存在する点も見逃すべきではない。

（1）経営者のモラル・ハザード

現代的なコーポレート・ガバナンスの議論は 1930 年代に本格化した。この事実は、米国経済の歴史的な状況と関係がある。第一次世界大戦まではアンドリュー・カーネギーやジョン・ロックフェラーなどに代表されるきわめて裕福な少数者によって株式が所有される傾向があったが、1920 年代の米国はバブル経済の様相を呈し、一般国民の株式投資が拡大した。そして株式が分散所有されるにつれて、経営権の経営者への集中傾向がみられるようになった。経営知識・経験・意欲をもつ専門の経営者と一般の投資家との分業体制のメリットよりもマイナス面が目立ち始めた。これが「所有と支配の分離」あるいは「経営者革命」と呼ばれる現象である。

本来は株主が経営者を選び、必要ならば解任することにより、株主の利益を損なう経営が行われないようにする必要があるが、株式の分散所有が進むにつれて、株主によるチェックが実効性を失い、経営陣に対する抑止が効かなくなってしまう[*6]。こうなると、株主という他人の財産を預かる経営者

*6 株主による支配の欠如とともに、株主が経営者と比べて経営に関する十分な情報をもたないという「情報の非対称性」によって、モラル・ハザードが引き起こされる。

コラム　過度の株主利益追求がもたらす悲劇

アメリカでは企業の社会的責任もその代償もケタ違いだね！

パトリシア・アンダーソンは、ゼネラルモーターズ（以下、GM）のシボレーマリブを運転中に別の車に追突された。その結果、燃料タンクが爆発し、同乗の子供、友人とともに重度のやけどを負った。1997 年 7 月 9 日、アメリカ史上最高額となる 48 億ドルの損害賠償（損害賠償 1 億 700 万ドル、懲罰的賠償 47 億ドル）が命じられた。裁判では、原告側から GM の社内文書が重要な証拠として提出された。それは、

GM 社のエンジニアが書いたもので、燃料タンクの安全性を高める修理費用（1 台当たり 8.59 ドル）と炎上事故の発生に伴う GM の損害賠償額（1 台当たり 2.4 ドル）を比較したものであった。つまり、GM は費用対効果の分析に基づき、リコールによる燃料タンクの設計変更（改良）を拒んでいたのである。経済的な損得勘定のために生命身体が軽んじられた衝撃的な事件であった。

*7 株主総会を通じたコントロールを本質的に難しくする集合行為問題については第4章参照。また、株主のパワーを取り戻して経営権とのバランスを図るため、アメリカで連邦証券法が制定されたのもこの時期（1933-34年）である。

*8 株式会社に出資するのは株主であり、経営者は株主のお金を預かる代理人（エージェント）である。経済学では株主と経営者の関係性からくるエージェンシー問題こそがガバナンスの問題の原因であると指摘する。

*9 全株主中、機関投資家の占める割合は、米国では1950年代後半には2割、70年代中ごろには3割を超え、80年代には5割を超えた。日本の株式市場では、1990年代には1割程度、最近では海外資本も増え、4割を超える。

害するようなことをしないとしても、株主のために最善を尽くすとは限らない。現実には日本の経営者のほとんどはそうではないが、手を抜いたり、怠けたりするかもしれない（➡50頁コラム）。これが経営者のモラル・ハザードの問題（エージェンシー問題）である[8]。

このように所有と支配の分離が問題となる中で、経営者の暴走を防ぎつつ、いかに株主の利益となる経営を実現するかがコーポレート・ガバナンスの最初の課題であった。その後、1960年代以降は、年金基金・保険会社などの機関投資家の持株比率の高まり（機関化現象）を背景に、株式を大量に保有する機関投資家（株主）の意向を無視できなくなった[9]。投資家による経営者への監視行動が高まるにつれて、所有と支配の分離の議論は廃れていった。

（2）株主のモラル・ハザード

ここまでは経営者のモラル・ハザードをみてきたが、株主にもモラル・ハザードはある。株主による利益追求が企業経営に多大なる悪影響を及ぼす問題である。往々にして、株主は配当と株価にしか興味がなく、長期的な連帯意識もなく、短期的に利益の上がる会社を探し求めてしまいがちである。すると、株価の変動に伴って売買が行われ、安定した資本が得られずに会社の成長や利益追求の機会が失われてしまうかもしれない。そこで、株主の不当な影響力を免れ、経営の自律性を高めるための仕組みが模索される

ごほうび欲しさにお手伝いを
頑張る子どもと同じだね！

コラム　ストックオプションは悪魔の発明？

イギリスの哲学者・経済学者・法学者のジェレミ・ベンサム（1748-1832）は、人間はすべて快楽を求め、苦痛を避けて行動するものだと考えた。少し単純化しすぎかもしれないが、「アメとムチ」（被治者の喜ぶ福祉政策と被治者を恐怖に陥れる政策）という言葉の示すとおり、真実を的確に捉えている面がある。それでは、経営者を行動へと誘う「アメ」とは一体何であろうか（このように人を行動へと誘う動機を、経済学では「インセンティブ」と呼んでいる）。経営者は何を大切に思い、何に動機づけられるだろうか。会社の発展、株主・地域共同体の利益、あるいは従業員の福利厚生といろいろ考えられるが、もっとも直接的な動機は経営者個人の経済的利益の最大化だろ

う。つまり、報酬の最大化がインセンティブであると考えられる。

そこで、もし取締役が会社の株式を報酬として受け取るのであれば、株価を上げることが自身の報酬を増やすことにつながる。そうすると、経営者は株主と同じ状況に置かれることになるので、法律など外からの強制がなくても自発的に株価を上げるように最大限の努力をするはずである。取締役に一定の価格（直近の株式による資金調達の単価をベース）で株式を取得する権利を与えるストックオプション（➡第9章Ⅴ）という仕組みはまさに経営者にとっての「アメ」であり、「悪魔の発明」ともいわれる。

ことになった。

戦前の経済史研究によると、大正から昭和にかけて企業が破綻した根本的な原因は、株主の専横から蛸配当*10 を強いられたことにあるとされている。大株主はその場主義的な欲望にかられる一方、重役の腐敗にも目に余るものがあり、企業経営が百年の繁栄を目標とするものでないと指摘されていた。

そして、実はこの問題も古くて新しい。2008 年のリーマンショック*11 後の欧米における議論では、ショートターミズム（短期主義）と呼ばれる現象が問題視され、中長期的な企業価値を高める経営の重要性が改めて説かれている。株主の影響力を制約し、経営の自律性を高めることで、株主が短期的に企業価値を奪い合う結果となることを回避しようとする指摘である。

❷ 競争力の源泉としてのガバナンス論

従来、コーポレート・ガバナンスといえば、法令遵守（コンプライアンス）、リスク回避、不祥事防止といった「守りのガバナンス」に力点が置かれていた。コーポレート・ガバナンスの議論において企業の不祥事対応に主眼があったからである（➡Ⅳ2、Ⅴ）。

しかし、最近のコーポレート・ガバナンスをめぐる議論では、企業の競争力を強化し、企業価値を高める側面に焦点が当てられている。東京証券取引所において規範化された上場会社向けのコーポレートガバナンス・コード（CG コード）*12 の目的は、「会社の持続的な成長と中長期的な企業価値の向上のための自律的な対応が図られることを通じて、会社、投資家、ひいては経済全体の発展にも寄与すること」とされている。また、コード（原案）では、「コーポレート・ガバナンスは、会社が、株主をはじめ顧客・従業員・地域社会等の立場を踏まえた上で、透明・公正かつ迅速・果敢な意思決定を行うための仕組みである」と定義づけられ、株主以外のステークホルダーとの適切な協働とその価値創造に配慮した経営（CG コード第 2 章［基本原則2]）や株主を含むステークホルダーの立場に関するバランスのとれた理解と対応（CG コード第 5 章）が求められている。

会社法の役割については、従来、個々の経済主体間の私的利益の調整（多数派株主・少数派株主間、株主・債権者間など）を目的とするものと理解されてきたが、最近のコーポレート・ガバナンスをめぐる議論の流れの中で、会社法というものそれ自体が国の経済政策の 1 つの重要な制度的インフラとして認識されるようになっている。

---

*10 蛸配当
剰余金の分配可能額がないのに、またはそれを超えて剰余金を分配すること。蛸が自分の足（触腕）を食べるといわれることに由来する。

*11 リーマンショック
アメリカの投資銀行リーマン・ブラザーズの経営破綻をきっかけとして、世界規模で株価が暴落し、深刻な金融危機が発生した。

*12 コーポレートガバナンス・コード
金融庁と東京証券取引所が上場会社向けに策定した「5つの基本原則・31 の原則・47 の補充原則（全 83 原則）」（2021 年 6 月改訂）から構成された規範集。いずれの規範も法的な拘束力はなく、採用について選択の余地があるが、選択しない場合には説明責任が課される。企業等に対して強制力を有する国の法律（ハードロー）と区別してソフトローといわれる。この内容は取引所の業務規程に定められ、取引所と上場契約を締結する上場会社には規程の遵守が要請・期待される。2015 年 6 月 1 日から適用。2018 年 6 月第 1 回改訂（全 78 原則）。
CG コードと相まって「車の両輪」をなすのが、スチュワードシップ・コード（SSコード、2014 年策定、2017年・2020 年改訂）であり、持続的な成長のため機関投資家に求められる行動規範（「建設的な目的を持った対話を促す」等）を定めたものである。多くの機関投資家がSS コード受け入れを表明し、議決権行使ガイドラインを公表している。

*13 経営者の暴走を牽制する手段として、法的手段のみならず、市場による規律が唱えられてきた。経営者は生産物市場や資本市場における名声・評判を気にするからこれが経営に対する抑止効果を持ちうることや、ファンド・機関投資家の発言や敵対的な企業買収による経営者に対する規律づけなどが指摘されてきた。

株式会社誕生の初期には所有と経営の一致がみられたが、産業の進展とともに、所有と経営の制度的な分離という分業体制のメリットを受け入れつつ、所有と支配の分離に伴う経営者の暴走にいかにして歯止めをかけるかが課題となったことを見てきた。株主総会（➡第4章）を通じた牽制が十分でないとすると、いかなる牽制手段がありうるだろうか。株主と経営者の利害対立をできるだけ緩和するため、これまでさまざまな牽制手段が考えられてきた*13。以下では、会社法上の機関設計の変遷を概観することを通して、ガバナンスの発想を見ていこう。

1 内部における機関の分化

1950年（昭和25）商法改正前は、株主総会中心主義を採用し、取締役の業務執行を株主総会と監査役のチェックのもとに置こうとした（**図表5-1①**）。1950年改正では、従来の株主総会の権限を著しく縮小した結果として、独

図表 5-1　機関設計の変遷

① 戦　前

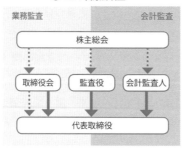

② 1950年商法改正

③ 1974年商法改正

④ 2002年商法改正（指名委員会等設置会社）

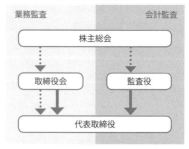

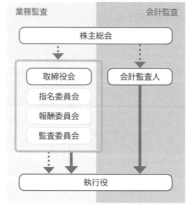

森・濱田松本法律事務所編『変わるコーポレートガバナンス』日本経済新聞出版社、2015 より

立の業務執行機関であった個々の取締役の権限が拡大されたことに伴い、取締役内部における機関の分化が進められた（**図表 5-1②**）。

このように取締役を取締役会と代表取締役に分化したのは、権限が大きくなった取締役に慎重かつ適正にその権限を行使させ、取締役会に代表取締役の業務執行を監督[14]させるためである。いわゆる所有と経営の分離に対応して、機関の分化を進展させることにより、会社所有者である株主その他の利害関係者の利益を保護しようとしたのである。

*14 1950 年改正により、会社内部における自治的な監督方式として株主代表訴訟提起権など株主の監督権限が強化されたことも注目に値する。

② 監視・監督に専念する人を置く、外部からの監督

昭和 40 年代には経営陣が関与する大型倒産・粉飾決算事件が多発したことから、1974 年（昭和 49）改正以降、監視・監督に専念する監査役の重要性が見直され、その権限・体制・地位の強化が図られていった[15]（**図表 5-1③**）。

図表 5-2 は法改正による監査役の権限の変遷をまとめたものである。

*15 その後、2001 年（平成 13）商法改正では社外監査役の任期は 3 年から 4 年に延長され、全監査役のうち 1 名以上から半数以上へ、辞任監査役の総会出席権を認めるなど、一層の地位と権限の強化が図られた。

図表 5-2　監査役の権限の変遷

1974 年（昭和 49） 商法改正 商法特例法	監査役の職務権限の拡大（会計監査に加えて業務監査の権限） 任期延長（1 年→2 年） 会計監査人の義務づけ（大会社）←会社外部からの監督を加味
1981 年（昭和 56） 商法改正 商法特例法改正	複数性（大会社、2 名以上） 常勤監査役制度の導入
1993 年（平成 5） 商法改正 商法特例法改正	任期延長（2 年→3 年） 員数増加（3 名以上） 監査役会の設置（従来は情報交換のための会合） 社外監査役の選任（組織的監査のメリットを生かす）

社内取締役が勝手なことをしないための重要な存在ね！

コラム　どんな人が社外取締役になれる？

社外取締役（2 条 15 号）は、大雑把にいえば、取締役でありながら、現在または過去の一定期間、会社の指揮命令系統に属しない、または属しなかった者である。例えば、主要取引先の役員などは社外取締役の要件を満たすことになるが、実際には重要な利害関係者（ステークホルダー）である。そこで、社外取締役の要件をさらに厳格化したのが「独立役員」（一般株主と利益相反が生じるおそれのない社外取締役・社外監査役のこと）である。会社と多額の顧問契約を締結している弁護士や大口取引先の業務執行者などは独立役員にはなれない。

東京証券取引所は、上場会社が「独立役員」を 1 名以上確保することを求めるが（有価証券上場規程 436 条の 2 第 1 項）、同時に会社の持続的な成長と中長期的な企業価値の向上に寄与する役割・職責を果たし、そのような資質を十分に備えた独立社外取締役をプライム市場上場会社では少なくとも 3 分の 1（その他の市場（スタンダード市場・グロース市場）の上場会社では 2 名）以上選任すべきことを期待している（有価証券上場規程 445 条の 3、CG コード原則 4-8。グループガバナンスの在り方として、支配株主を有する上場会社の場合につき、補充原則 4-8③参照）。

3 監督と執行の分離

　しかし、その後も企業不祥事は減る気配を見せず、取締役会制度及び監査役（会）制度の実効性が疑われることになり、監査役を設けない委員会等設置会社（2014年改正後の指名委員会等設置会社）が導入された（2002年〔平成14〕商法改正）。監査役を置かない代わりに取締役会の監督機能を強化するためである。社外取締役を過半数とする指名委員会、報酬委員会、監査委員会の3つの委員会と業務執行機関としての執行役を設定することを要件として、取締役会から執行役に業務上の意思決定権限を大幅に委譲した制度である（**図表5-1④**）。

　取締役会は個別の具体的な業務執行の決定を行わず、経営の基本方針や執行役の選定等の監督機能に特化させつつ（モニタリング・モデルと呼ばれる）、業務執行の迅速性・効率化を図る機関設計である。つまり、「監督と執行の分離」[*16] を実現し、監督における社外取締役の役割を大いに期待する仕組みである（➡53頁コラム）。実際に業務を執行する者と、それが株主のためになっているかを評価する者（パフォーマンスの評価者。内部出身者ではなく社外から招聘）を分けることで、適切な経営判断を確保しようとしたのである。

*16 指名委員会等設置会社の取締役は執行役を兼任することは認められるが（402条6項）、支配人その他の使用人を兼任することは認められない（331条4項）。なお、監査委員会の委員（取締役）は執行役や支配人その他の使用人を兼ねることはできない（400条4項）。

V 最近の企業不祥事から考える

これまで見たように、ガバナンスをめぐる問題状況を踏まえた上で、さまざまなガバナンスの在り方が模索されてきました。しかしながら、企業不祥事はなくなるどころか、むしろ増加している感さえあります。なぜ企業不祥事はなくならないのか。この問いかけは、おそらく永遠に続けられ、完全には解決することのできない難問でしょう。それだけに法律論のみならず、政治学、経済学、経営学、組織論、心理学など隣接諸科学の知見を積極的に取り入れるアプローチが求められます。このことを実際の企業不祥事を分析することで検証してみましょう。

1 企業不祥事の概要

（1）大王製紙事件

　2011年9月、大王製紙株式会社の代表取締役会長が、当時自身が代表取締役を務める連結子会社7社から長期間にわたって個人的用途のため多額の貸付（合計26回にわたり、その合計は106億8000万円に上る）を受けている

ことが発覚した。いずれの貸付も、元会長から振込の目的や使途の説明がないまま、7 社の常勤役員に電話して指定する金額を指定する口座に振り込むように一方的に指示され、一部の役員には口外しないよう口止めまでした。これに対し、指示を受けた役員の大半は、会長が個人的用途に用いることを知りながら、使途を確認することすらせず、しかもすべて無担保で経理担当者らに指示して振込を実行させた。このような多額の貸付には取締役会での承認が必要となるが、事前に取締役会に諮られることはなかった。

（2）オリンパス事件

オリンパス株式会社では 1985 年から実施した財テクがバブル崩壊時に多額の損失を出す結果となった。歴代社長及び金融資産運用を担当していた少数の経営陣は生え抜きの役員で、その事実を知りつつ公表せず、むしろ海外のファンドに「飛ばし」（値下がりした株式を買った値段で売却する）を行い、20 年以上の長期にわたり損失の先送り・隠ぺいを行っていた。そしてこの損失を会計処理するために、2008 年に英国の医療機器会社を実態とかけ離れた金額で買収し、助言会社にも高額な手数料を支払う。それを投資の失敗による特別損失として減損処理し、本当の損失の原因をごまかした。1 人のジャーナリストがオリンパス社員である友人からのリークを端緒に疑惑の取材に乗り出し、スクープ記事の掲載に至った。その記事を読んだ社長が電子メールで経営陣の辞任を求めたところ、組織の意思決定プロセスを無視したことを理由に取締役会で解職されてしまった。

（3）東芝事件

東芝は 1999 年、原発・半導体から家電までを扱う事業部ごとに経営資源を配分し独立採算制をとるカンパニー制を採用したが、2006 年に買収したアメリカの原子力大手ウエスチングハウスの減損（のれんの取り崩し[*17]）による損失計上問題を契機として不正会計への圧力が強まった。業績の悪い事業部は売却される可能性があり、歴代社長が各カンパニーに対して達成困難な損益改善目標を繰り返し要求（チャレンジ[*18]）したことなどから、複数のカンパニーで 2008 年度から 2014 年度まで 1500 億円以上の利益をかさ上げする不正会計（費用の計上を次年度以降に先送り）が続けられた。

2 どうすれば企業不祥事は防げるのか

どの会社も機関設計としてみれば、表向きは問題はない（**図表 5-3**）。しかしながら、どんなに優秀な機関設計の会社でも経営トップ層の不祥事が見られる。特に、東芝は米国型のガバナンスである委員会等設置会社に移行し、監督機能の強化と透明性の向上を図ったのに、一体、どこに問題があっ

*17 企業を買収する際、数字では測れない潜在的な価値（将来性など）が加味され、純資産額に上乗せされる（いわゆるプレミアムのことで「のれん」といわれる）。東芝は米国会計基準を採用する会社であり、買収した事業から想定通りの収益が上がらない場合には、のれんの取り崩し（損失の計上）をしなければならない。

*18 歴代社長が経営幹部に圧力をかけたとされる「社長月例」で課された、通常の営業努力では到底達成することができない目標達成のプレッシャーが「チャレンジ」である。この言葉は、もともと土光敏光元社長が社員を鼓舞するために、「一般社員は、これまでより 3 倍頭を使え、重役は 10 倍働く、私はそれ以上に働く」という意味で使われた。

図表 5-3　大王製紙、オリンパス、東芝の機関設計の比較

	大王製紙	オリンパス	東　芝
機関設計	**監査役会設置会社** 監査役 ⎡常勤 2 名 ⎣非常勤社外 3 名 　・弁護士 2 名 　・元国家公務員 1 名 社外取締役は置かれず 監査法人	**監査役会設置会社** 監査役 ⎡社内 2 名 ⎣社外 2 名 　・社長の元同級生 　・下請会社（納入先）の元経営者 取締役 15 名のうち、3 名が社外取締役 監査法人	**委員会等設置会社**（現指名委員会等設置会社） 監査委員会（委員長は社内出身） ⎡社内 2 名 ⎣社外 3 名（財務・経理に詳しくない） 指名委員会（過半数は社外取締役、会長が委員に就任） 取締役 16 名のうち、4 名が社外取締役 監査法人
実　態	●所有と経営一体型 ●顧問の存在	●所有と経営分離型だが、取り巻きネットワーク構築 ●相談役・顧問制度の存在	●監督・執行分離型であるが、実態は監督・執行一体型 ●退任後も相談役・顧問として存在

大王製紙事件：大王製紙株式会社元会長への貸付金問題に関する特別調査委員会「調査報告書」（2011 年〔平成 23〕10 月 27 日）
オリンパス事件：第三者委員会報告書（2011 年〔平成 23〕12 月 6 日）
東芝事件：「内部管理体制の改善報告」（2017 年〔平成 29〕10 月 20 日）

たのか、どのように改善すればよいのか。事件後に東芝が公表した「改善報告」から考えてみよう。

　不正会計等については、財務会計の厳格さに対する認識が欠けた歴代社長によって目標必達へのプレッシャーが繰り返され、短期的利益を過度に追求する方針を踏襲してきたことが問題であると報告された。また、牽制機能が十分に発揮されなかった原因については、社内取締役が取締役会の過半数を占め、会長が議長であったこと、社外取締役の選任において、専門性の観点、トップに対して批判的・忌憚のない意見を述べる人物の選定がな

コラム　サステナビリティをめぐる課題への取組み

社会や環境のためにお金を使うと企業にも恩恵が返ってくるんだ！

　2018 年 6 月改訂の CG コードにおいて、環境・社会やガバナンスの問題に関する事項（いわゆる ESG 要素）などの非財務情報の開示の重要性（基本原則 3）や取締役会レベルでの多様性（原則 4-11）が謳われ、経営戦略や経営資源の配分の具体的な内容として、研究開発投資・人材投資等（原則 5-2）が挙げられていた。2021 年 6 月改訂では、さらにサステナビリティが ESG 要素を含む中長期的な持続可能性と定義され（基本原則 2）、気候変動、人権の尊重、従業員の健康などの要素が追加され（補充原則 2-3①）、人的資本経営の実現に向けた取組みも本格化している（補充

原則 3-1③、補充原則 4-2②）。経済産業省「人的資本経営の実現に向けた検討会報告書～人材版伊藤レポート 2.0～」令和 4 年 5 月、内閣官房・非財務情報可視化研究会「人的資本可視化指針」2022 年 8 月、等参照）。サステナビリティをめぐる課題への対応は、リスクの減少のみならず、収益機会にもつながる重要な経営課題であるとの認識が共有されたといえる（原則 2-3、補充原則 4-2②）。職場環境が安全かつ安心できるもので、かつ成長の機会が得られるものとなっていることが業績向上に結びつくのは見やすい道理である。あとは実践あるのみ。

かったこと、指名委員会では会長が指名委員に就任していたこと、監査委員会では歴代 CFO [*19] が委員長に就任して自己監査の傾向があったことを指摘した。そしてガバナンスの強化策として、取締役会の議長には社外取締役が就任し、過半数を社外取締役とすること、取締役の専門性に関する多様化（経営者、会計専門家、法律家など）を図ること、監査委員会は高い専門性を有する社外取締役を含めた独立取締役のみで構成することが提言された。

オリンパス事件の第三者委員会報告書は、不祥事の原因について「経営中心部分が腐っており、その周辺部分も汚染され、悪い意味でサラリーマン根性の集大成ともいうべき状態であった」と批判し、内部統制の専門家は「東芝の社外取締役はお飾りだった」と手厳しい。まさに「仏作って魂入れず」である。法的な仕組み・形づくりのみならず、その仕組みを実際に動かす人の自覚や組織文化・企業風土が問題となるのである。

コーポレート・ガバナンスが株式会社をめぐる永遠の課題であることが実感できましたか。これまで会社法は、1 人に権限が集中しないように権限を分化させる、監視・監督に専念する人を置く、その人数を増やす・任期を延長する・社外の目を入れる、会社外部の機関を設置する、監督と執行を分離するなど、いろいろと試みてきました。しかし、どの試みも不祥事をなくすことに完全に成功したとはいえません。法律論にとどまらず、多角的な観点から最適なコーポレート・ガバナンスを模索する動きは、今後も世界的に続けられることでしょう。

課題

1. 上場会社各社の HP において、東京証券取引所に提出している「コーポレート・ガバナンスに関する報告書」を見ることができる。知っている会社がコーポレート・ガバナンスに関してどのような基本的な考え方をもっているのか、コーポレート・ガバナンスの状況がどのようになっているかを調べてみよう。
2. コーポレート・ガバナンスに関する唯一の最適解は存在しないといわれる。そうだとすると、さまざまな失敗を繰り返しながら、失敗の原因を探り、その対処法を考えていくほかない。企業不祥事が起きた後、社内の調査報告書、さらに社外の専門家からなる委員会の報告書が公表される。興味のある事件の報告書を分析し、企業不祥事はなぜなくならないのか、その原因と対処法について自分なりに考えてみよう。

第6章

会社の利益か取引の安全か
代表取締役が勝手に行った行為の効力

代表取締役は株式会社の代表機関なわけだけど、なんでも独断で決められるわけじゃない。会社や株主の利益を守るためにも、重要なことは取締役会や株主総会で決めなくちゃいけないんだってさ。

ジュンイチ

じゃあ、会社のためによかれと思って、代表取締役が勝手に大きな取引をまとめた場合でも、無効になってしまうってこと？　取締役会の決議なんか待ってたら他社に先を越されてしまうかもしれないのに。

ガイア

取引先だって、代表取締役がOKしてくれたら信じるよね？　それなのに、後で「必要な手続を経ていなかったから無効でした」なんていわれたら困っちゃうよ。

ジョージ

代表取締役が、必要な取締役会決議や株主総会決議を経ずに、勝手に取引などを行った場合、その効力について会社法には直接の規定がありません。もし、その取引が会社の不利益になるのであれば、会社としてはその効力を否定したいところです。一方、相手方としては、必要な手続を経たかどうかはその会社内部の問題であって、知りようもないのですから、取引を無効にされたくはありません。この場合、むやみに権利を奪われたり義務を負わされないという**静的安全**と、当事者が期待した通りの権利義務の変動を認めるべきであるという**動的安全（取引の安全）**とが対立し、取引の有効・無効を決するにあたって、どちらの利益を優先するか、あるいは両者の利益をどのように調整するかが問題となります。ここでは、どのような場合に取締役会や株主総会の決議が要求されるのかを確認しながら、この問題を考えてみましょう。

オモカネ先生

I　取締役会決議・株主総会決議を要する場合

アイスクリームの製造・販売を営む株式会社（取締役会設置会社）の代表取締役ガイアは、収益増大のために生産規模の拡大を計画している。そこで、アイスクリーム製造のための工場用地を確保するため、ガイアの所有する土地を買い受けるほか（➡I4・Ⅳ）、より性能の良い大型のアイスクリーム製造機を購入したいが（➡I2・Ⅱ）、いずれも多額の費用を要するため、他の取締役の賛成を得るのは難しいと考えている。また、他社のアイスクリーム事業を譲り受けて事業を拡大することも視野に入れているが（➡I5・Ⅴ）、やはり反対が予想される。

一方、取締役ジョージは、自らも同業の株式会社を設立して代表取締役としてアイスクリームを販売したいと考えている（➡I3・Ⅲ）。

これらの行為を行うには、会社ではどのような手続を要するだろうか。

1　代表取締役の権限

代表取締役は株式会社の業務に関する一切の裁判上または裁判外の行為[*1]をする権限を有する（349条4項）。会社内部で任意にその権限を制限しても、それを善意[*2]の第三者に主張することはできない（349条5項）。代表はいわば団体法的な代理であり、代表取締役がその代表権の範囲内で会社を代表して行った契約などの法律効果（権利義務）は会社に帰属する。しかし、代表取締役が単独で行うと会社ひいては株主の利益を害するおそれがある行為については、取締役会決議または株主総会決議が要求されることもある。

2　重要な業務執行

重要な財産の処分・譲受け、多額の借財、社債の発行などの重要な業務執

*1 裁判上の行為とは、民事訴訟における提訴・応訴などの訴訟行為をいう。ただし、会社・取締役間の訴えについては、訴訟追行の公正を期するため、監査役設置会社では監査役が会社を代表する（386条1項）。裁判外の行為とは、一般の取引を想定すればよい。

*2 法律上、善意とは、ある事実を知らないことをいい、悪意とは、ある事実を知っていることをいう。悪意の者は法的保護に値しないのが通常であるが、そこには道徳的に良い・悪いという価値判断は含まれていない。

コラム　代表取締役でない副社長が取引をしたら？

> 社長や副社長には代表権があると思ってしまうよね！

一般に社長・副社長などのいわゆる役付取締役は代表取締役であることが多いが、そうでないこともある。本来、代表取締役でない者が代表行為を行っても、無権代表となり、会社にその法律効果は帰属しない。しかし、役付取締役の肩書は代表取締役であるかのような外観を有するため、第三者は代表取締役であると信じる可能性が高い。そこで、会社法は、取引の安全を図るため、会社が代表取締役でない取締役に対して社長・副社長など代表権を有すると認められる名称を使用することを許諾していたときは、会社はその者（**表見代表取締役**）のした行為につき善意（かつ無重過失）の第三者に対して責任を負うものとしている（354条）。これは民法上の表見代理（60頁発展参照）の特殊化である。

行は、慎重を期するため、取締役会の専決事項となっており、その決定を代表取締役に委ねることはできない（362条4項）。設例におけるアイスクリーム製造機の購入は、重要な財産の譲受けにあたると考えられる。

3 競業取引

　取締役は、株主総会＊3または取締役会の承認を得なければ、自己または第三者のために会社の事業の部類に属する取引（競業取引）をすることはできない＊4（356条1項1号・365条1項）。このような取締役の不作為義務を競業避止義務という。

　取締役は会社の事業上の機密や得意先関係などをも熟知しうる立場にあるため、取締役がその地位を利用して同種の事業を行えば（取締役が会社の商売敵となれば）、会社の取引の機会や得意先を奪うおそれがあるからである。設例において、ジョージが、自ら設立した株式会社の代表取締役としてアイスクリームの販売を行えば、ガイアの会社としては、アイスクリームのレシピや製法が不当に利用されて客が奪われるなど、その利益が害される

発展　民法上の代理

> 代表取締役の代表権は民法上の代理権と似ているんですね！

　人の社会生活関係が複雑化・多様化してくると、契約などをすべて自ら行うことは困難であるし、専門的知識を要する契約など自ら行うことが合理的でない場合もある。そこで、他人を使って自らの意思的活動の範囲を拡大し、その法律効果（権利義務）を享受することを可能にするのが代理制度である。特に企業取引は大量かつ反復継続的に行われるため、使用人を代理人として契約を締結させる必要性は高い。民法上、代理人を通じて契約を行う場合、その法律効果が本人と相手方との間に生ずるためには、代理人が**代理権**を有し、その範囲内で本人のためにすることを示して行わなければならない（99条）。代理権なしにまたは代理権の範囲を超えて契約を行っても、本人が追認しない限り、その効力は本人に生じない（113条）。代理は私的自治の拡張である以上、本人の権利義務の変動は、代理人に対する代理権の授与を通じて、本人の意思に裏付けられていなければならないからである。ただし、無権代理であっても、本人にその行為に拘束されても仕方のないような事情（帰責性）があり、かつ相手方の信頼を保護すべき事情がある場合（代理人に代理権がないことについて善意・無過失である場合）には、その効果が本人に帰属することもある（**表見代理**：109条・110条・112条）。代表取締役の代表行為はそれが株式会社自身の行為と評価されるものであり、代理とは観念的に区別されるが、株式会社の代表をめぐる法律関係も代理に準じて考えることができる。

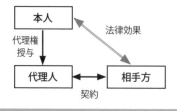

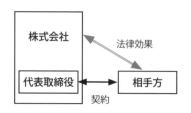

おそれがある。もっとも、販売地域が異なったり、ジョージの会社の販売するアイスクリームがガイアの会社のセカンドブランドであったりする場合には、必ずしも会社の利益が害されるわけではない。

　取締役会の承認決議では、その取引に関する重要な事実を開示することを要する。取締役会決議は、原則として取締役の過半数が出席してその取締役の過半数の賛成をもって成立するが（369条1項）、決議の公正を期するため、競業取引をする取締役は特別利害関係人として議決権を行使することはできない（369条2項）。決議事項につき個人的な利害関係を有する取締役は、会社の利益を優先して議決権を行使することは必ずしも期待できないからである。取締役会の承認に基づき競業取引をした取締役は、遅滞なくその取引に関する重要な事実を取締役会に報告しなければならない[*5]（365条2項）。

＊5　これらの規制は利益相反取引の場合も同様である。

 利益相反取引

　会社と取締役の利益が相反する取引（利益相反取引）については、取締役が自己または第三者の利益を図り、会社に不利な取引を実現させるおそれがある。設例において、ガイアが代表取締役として自己の所有する土地の売買契約を締結すると、売値をつり上げて自己の利益を図るおそれがある。そのため、その取引の是非を慎重に判断させるため、株主総会[*6]または取締役会の承認を受けることを要する（356条1項2号3号・365条1項）。利益相反取引には、取締役が自己または第三者のために会社と取引をする場合（直接取引：取締役と会社との間の売買・金銭の貸借など）と、形式的には会社と第三者の取引であるが、実質的にはその取引により取締役が利益を受ける取引（間接取引：取締役の債務を会社が保証する場合など）がある。

＊6　取締役会が設置されない会社の場合。

5　他社の事業の譲受け

　事業譲渡は、有機的・組織的・機能的一体性を有する事業財産の譲渡であり、事業の同一性を維持したまま事業主体の交代を生ずる。いわば「生きた企業」の譲渡である。事業の譲渡・譲受けを目的とする契約は代表取締役が締結するが、事業の全部または重要な一部の譲渡・他の会社の事業の全部の譲受けについては、会社の命運を左右し、株主の重大な利害に関わるため、原則として株主総会の特別決議を要する（467条1項。➡第14章）。設例において、他社のアイスクリーム事業がその会社の事業の全部を構成する場合、その譲受けは、実質的には吸収合併に近いため、株主総会の特別決議を経なければならない。他社の事業全部の譲受けでなければ、重要な業務執行として取締役会決議を要するが、それで足りる。

では、代表取締役が必要な取締役会決議・株主総会決議を経ずに、またはそれに違反して専断的に行った代表行為の効力は、どのように考えるべきでしょうか。

一般的には、決議を要求することによって守ろうとする会社の利益と、代表取締役が有効な決議に基づいて行為するものと信頼して取引した第三者の利益とを天秤にかけて（**利益衡量**）、個別・具体的に決すべきであると解されています。特に企業取引は反復継続的・大量集団的・非個性的に行われるため、取引の安全が重視される傾向にあります。これに対して、単なる利益衡量では水掛け論になるおそれがあることから、行為の性質に応じて取締役会決議・株主総会決議が代表取締役の代表権にいかなる影響を及ぼすかという点から理論的に考察する考え方もあります。

Ⅱ　取締役会決議を欠く重要な業務執行の効力

　ガイアが取締役会決議を経ずに独断でアイスクリーム製造機を購入した場合、その売買契約の効力はどのように解されるのだろうか。

　取締役会決議は会社の意思決定であるから、それを経ていないということは会社の意思を欠いているということである。一方、代表取締役は会社を代表して財産を購入している以上、会社としての意思が表示されているということができる。そうすると、重要な財産の譲受けにおいて、会社の意思としては表示された意思と内心の意思が一致していないと評価できる。

　民法では、内心の意思との不一致を自覚しながら意思表示した場合を心裡留保（しんりゅうほ）という。心にもないことを冗談で言ったような場合である。その意思表示は原則として有効であり、相手方がその意思表示が表意者の真意で

100円のジュースを買う場合にも
売買契約が成立しているのね！

| コラム | 法律行為 |

　人が自由な意思によって権利義務関係を作り出す原因となるものが法律行為であり、その代表的なものが契約である。法律行為とは、意思表示を要素とする法律要件である。そもそも、権利義務の変動（発生・変更・消滅）は法律要件と法律効果の関係として構成され、一定の法律要件に該当する事実または行為が存在すれば、それに対応する法律効果として一定の権利義務の変動が生ずることになる。法律行為においては、一定の法律効果（権利義務の変動）を欲

する者がその意思を表示することによって、その意思どおりの法律効果が生ずる。例えば、売買契約によって、売主が買主に対して目的物引渡義務を負い、買主が売主に対して代金支払義務を負うのは、当事者がそれぞれそのような義務を負うことを自発的に約束したからである。そのため、真意に裏付けられていなかったり、自由な意思が詐欺・強迫によって歪められたりしたときは、その意思表示を無条件に有効とすることはできないのである。

ないことを知り、または知ることができた（過失により知らなかった）とき
は、無効である（93条1項）。そもそも、国民が自由かつ平等であることを
前提とする近代法の下では、国民相互間の関係においては、国民は原則とし
てその自由な意思によって自らの法律関係（権利義務関係）を作り出すこと
ができるが*7、真意に裏付けられている意思表示のみが法的に尊重される
べきである。そのため、表示された意思と内心の意思が食い違っている場合
（意思の不存在）は理論的には無効とすべきところ、相手方は表意者の真意を
知りえないのが通常であるため、政策的に有効を原則としたのである。

　そこで、この心裡留保の考え方を会社にあてはめれば、取締役会決議を経
ずに取引を行っても原則として有効であり、決議を経ていないことを相手
方が知っていた場合または過失により知らなかった場合に限り、無効とな
る。つまり、会社の意思表示のうち、会社の内心の意思を決定する機関は取
締役会であり、代表取締役はそれを表示する機関であると解するのである。
取締役会決議が要求されるのは会社の利益を保護するためであるから、取
引の無効は特段の事情がない限り会社のみが主張できると解する余地もあ
る。

　しかし、この心裡留保説には問題がある。なぜなら、この見解によれば、
代表取締役は取締役会が形成した意思を単に相手方に伝達する使者にすぎ
ないこととなり、代表取締役の代表権など不要になってしまうからである。
代表取締役は、代理人と同様、その代表権の範囲内で、自らどのような権利
義務を発生させるかという内心の意思を決定してそれを相手方に表示する
のであるから、取締役会決議を欠きまたはその決定に違反しても、そこには

*7 「私的自治の原則」とい
い、国民相互間の権利義務関
係は主に契約によって形成
されるため、「契約自由の原
則」とも称される。

発展　代表取締役が私利私欲のために取引をしたら？

たとえ自分が作った会社でも
私物化は許されないよね！

　代表取締役は「会社のために」取引を行うが、そ
れは「会社の利益を図るために」という意味ではな
い。そのため、代表取締役が主観的には自己または
第三者の利益を図る意図をもって、客観的には代表
権の範囲内において会社を代表して取引を行うこと
がありうる。例えば、代表取締役が、自己の借金を
返済するために（借入金を着服するために）、会社を代
表して金銭を借り入れた場合がこれにあたる。

　このような**代表権濫用行為**の効力につき、代表取
締役が「会社のために」という意思を表示していて
も、主観的には私利私欲を図る意思をもっていたの

であるから、表示された意思と内心の意思が食い
違っていると捉えれば、心裡留保に関する民法93条
により解決されるべきことになる。

　2017年（平成29）改正民法は、代理人の代理権濫
用行為の効力について明文の規定を設け、相手方が
代理人の濫用目的を知りまたは知ることができたと
きは、無権代理行為とみなすことにした（107条）。
代表取締役の代表権濫用行為も相手方が悪意または
有過失であれば、会社に対してその効力を生じない
ことになりそうである。

意思と表示の不一致は生じないのである。また、重要な業務執行にあたるかはもっぱらその会社内部の問題であり、外部の者がそれを判断することは容易ではないから、取締役会決議の有無につき取引の相手方に厳格な調査義務を負わせて、軽過失があった場合にまで無効とするのは妥当ではない。

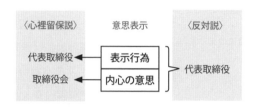

Ⅲ　必要な承認を欠く競業取引の効力

　取締役が必要な承認を得ずに競業取引をしても、その取引自体は有効である。設例でいえば、ジョージが行ったアイスクリームの販売による法律効果はジョージの会社とその相手方との間に生じ、ガイアの会社は第三者であるから、ガイアの会社における承認の有無が取引の効力に影響を及ぼすことはありえないのである。会社の救済は、競業避止義務に違反した取締役の損害賠償責任によって図るほかはない（423条1項）。この場合、競業取引によって会社に生じた損害額は、競業取引がなければ会社が得られたであろう利益（逸失利益）であり、その算定は容易ではないため、競業取引によって取締役または第三者が得た利益が会社の損害額と推定される*8（423条2項）。

発展	利益相反取引に関与した取締役の責任

会社にとってそれだけ危険な取引だということなんだね！

　取締役の利益相反取引について取締役会の承認を要するといっても、その当否を判断するのは同僚である取締役のため、馴れ合いで承認するおそれがある。そこで、承認を得て利益相反取引をしたとしても、対価の不当・取締役の債務不履行などにより会社に損害が生じた場合には、利益相反関係にある取締役、取引内容を決定した取締役（会社を代表した取締役）及びその承認決議に賛成した取締役は任務を怠ったものと推定され、必要な注意を尽くしたことを立証しない限り、損害賠償責任を負う（423条3項）。さらに、取締役が自己のために会社と取引をした場合には、その取締役には無過失責任を負わせて（428条1項）、得た利益を吐き出させることにしている。

Ⅳ　必要な承認を欠く利益相反取引の効力

　ガイアが会社のために独断で、自己の有する土地を買い受けた場合、その売買契約の効力はどのように解されるのだろうか。

　現在では相対的無効説が判例・通説となっている。つまり、当事者たる会社・取締役間では無効であるが、善意の第三者[*9]に対する関係では無効を主張できないと解される。さらに、利益相反取引規制は会社の利益保護を図るものであるから、取引の無効は会社からしか主張できないとする見解もある。この相対的無効説は、必要な承認を欠く利益相反取引は無権代表であることを前提としつつも、当事者の利益衡量を重視するものであり、無効主張の制限について法律上の根拠も理論的根拠も明らかではない。この点につき、2017 年（平成 29）改正民法 108 条 2 項は、代理人と本人との利益が相反する行為については、本人が予め許諾していない限り、無権代理行為とみなすものとした。その結果、必要な承認を欠く取締役の利益相反取引も同様に無権代表となり、原則として会社にその法律効果は帰属しないと解されるが、会社に特有の配慮によりこれを修正する必要があるかが問題となる。

　承認を欠く利益相反取引により会社に損害が生じた場合には、取引に関与した取締役は任務を怠ったことに基づく損害賠償責任を負う（423 条 1 項）。

*9　会社が取締役に売却した不動産の転得者や間接取引の相手方がここでいう第三者にあたる。

Ⅴ　株主総会決議を欠く他社の事業全部の譲受けの効力

　ガイアが独断で、他社の事業の全部を構成するアイスクリーム事業を譲り受ける契約を締結した場合、相手方（譲渡会社）の善意・悪意を問わず無効であり、当事者双方が無効を主張できると解されている。行為の重要性に鑑みれば、相手方に株主総会決議の有無の確認を要求しても酷ではないからである。株主総会の特別決議を欠く事業の全部または重要な一部の譲渡の効力についても、同様である。

　なお、合併・会社分割・株式交換・株式移転といった組織再編行為も、当事会社において原則として株主総会の特別決議を要する（783 条 1 項・795 条 1 項・804 条 1 項。➡第 14 章）。組織再編行為には固有の無効の訴えが設けられており（828 条）、無効主張の制限によりいたずらに無効とならないように配慮されているが、他方で、これらの行為はめったに行われるものではないから、代表取締役が独断で行っても取引の安全の要請は低く、むしろ株主保護の必要性が高い。そのため、株主総会決議を欠く場合には無効原因となると解されている[*10]。

*10　必要な決議を欠く新株発行（募集株式の発行等）の効力については、第 9 章参照。

第 7 章

もし経営に失敗したら？

取締役の義務と責任

ガイア

最近、大きな企業の不祥事が続いているよね。車の部品会社が欠陥商品であることをごまかしていたとか、日本を代表する企業が利益を水増しして報告したとか……。必ずバレるに決まってるし、そうなれば信頼を失って経営も危なくなってしまうのに、どうしてそんなことするのかな。

経営者にしてみれば、株主や取引先に経営悪化を知られたくないのは当然じゃないかな。極端に株価が下がればますます経営が苦しくなるからね。でも、嘘をついたことで投資家だけでなく従業員にも迷惑をかけてしまうわけだ。もし自分がそんな会社の取締役だったらと想像するとゾッとするよ。

ジュンイチ

ジョージ

業績が上がっているときは経営者も従業員も株主もみんな幸せだけど、いつまでもうまくいくとは限らないからね。本当は、業績が悪化したときほど経営者の手腕が問われるはずだよね。連敗が続いている野球やサッカーチームの監督と同じようなものじゃないのかな。

会社は営利法人として経済活動を行うため、事業上生じるさまざまなリスクにも対応しなければなりません。もし、それに対応できずに経営が行き詰まれば、会社や株主（投資家）、取引先、消費者さらには経済社会にまで大きな損害をもたらすこともあります。そうした場合の後始末は、経営に直接携わる取締役がしなければなりません。本章では、この点を法律的に理解していきましょう。取締役は経営を行う上で会社に対してどのような義務を負うのか、また、それに違反した場合、誰に対してどのような責任を負うことになるのか、責任の追及方法や事後の責任の減免の仕組みも含めて責任制度の全体像を学びましょう。

オモカネ先生

I 取締役の義務

1 取締役の地位と善管注意義務

例えば、X 会社の定時株主総会で、ジョージを取締役に選任する決議が成立したとしよう。会社法上、まだこの段階ではジョージは取締役の地位に就いてはおらず、その後、X 会社との間で取締役に就任する旨の契約（一般に、取締役任用契約と呼ばれる）を締結して、ようやくジョージは X 会社の取締役に就任する。

会社法は、この取締役任用契約に基づく会社と取締役との関係について、民法の委任[*1]に関する規定に従うと定める（330 条）。つまり、会社を委任者、取締役を受任者として、両者は委任関係にあるものと理解できる。具体的には、取締役は、会社から信頼を受け、会社の管理・運営という一定の事務処理を依頼された受任者といえる。

民法の委任の規定によれば、委任者の利益や期待を保護するため、受任者は、委任の本旨に従い、善良なる管理者の注意をもって、委任事務を処理しなければならない（民法 644 条）。これを善管注意義務と呼ぶ[*2]。取締役も委任契約上の受任者として、会社に対して善管注意義務を負う[*3]（330 条、民法 644 条）。すなわち、取締役は、会社の経営を預かる地位にある者として、通常客観的に果たすべき注意を尽くしながら、職務を遂行しなければならない。例えば、取締役ジョージは、X 会社の本社ビルの建て替え費用として Y 銀行から多額の融資を受けるかどうかを意思決定する取締役会の決議において、建て替えの必要性、融資を受ける金額や時期、その返済方法などにつき、X 会社の取締役として客観的に求められる注意をもって検討し、経営判断を行わなければならない。

2 忠実義務

取締役は、法令・定款および株主総会の決議を遵守し、会社のために職務を忠実に遂行しなければならない。これを忠実義務と呼ぶ（355 条）。忠実義務は、取締役の善管注意義務の内容を具体的にわかりやすく定めたものとして理解されている。

3 監視義務、内部統制システム構築義務

取締役は、経営判断を行い業務を執行するだけではなく、違法行為が起きないように経営を監視・監督する職務も負う。これらの具体的な職務についても、取締役は善管注意義務をもって行わなければならない。

---

*1 委任
ある者（委任者）が、取引や事務処理を自分が行う代わりに、他者（受任者）にそれらを行うよう依頼し、他者がこれを承諾する契約（民法 643 条）。

会社法 330 条
株式会社と役員及び会計監査人との関係は、委任に関する規定に従う。

*2 善管注意義務
受任者と同様の地位・職業にある人に一般的に要求される程度の義務。あくまで客観的な基準により判断されるため、自分のベストを尽くすだけでは足りない。

*3 なお、取締役以外の役員（執行役、監査役、会計参与、会計監査人）についても、会社に対して各々の職務の遂行に際して善管注意義務を負う（330 条、民法 644 条）。

会社法 355 条
取締役は、法令及び定款並びに株主総会の決議を遵守し、株式会社のため忠実にその職務を行わなければならない。

その1つが監視義務である。取締役は、監督権限を有する取締役会の構成員として（362条2項2号）、他の取締役の業務一般を監視・監督する職務を負うというものである[*4]。例えば、ガイア、ジョージ、ジュンイチの3名が取締役会のメンバーである場合、取締役会で銀行からの融資額を決定したにもかかわらず、代表取締役ガイアが、これをはるかに超える額で融資を受けたとする。もし、ジョージとジュンイチがこの事実を知りながら放置した場合、2人は監視義務違反を問われることになる。

もう1つは、内部統制システム構築義務である。大規模な会社では、業務が多岐に複雑化し、取締役がすべての業務を監視することが難しくなる。そこで、会社法は、不祥事の未然防止や早期発見・是正の観点から、取締役の業務が適正に行われることを確保するための全社的な仕組み・体制である内部統制システムの整備の決定を取締役会に義務づけている[*5]。代表取締役および業務執行取締役は、取締役会で決定された内部統制の大綱にしたがって、具体的な体制を整備・構築する義務がある。また、いったん構築された内部統制システムは、つねに PDCA サイクル[*6] によって見直され、改善される必要があり、他の取締役は、取締役会を通じてその構築・運用状況につき監視しなければならない。

④ 会社との利益衝突を回避する義務

取締役は、会社の利益のために職務を遂行しなければならない立場にあるから、会社の利益を犠牲にして、それを自分の利益として得ようとすることがあってはならない。会社法は、こうした会社と取締役の利益が衝突する典型的な場面として、競業取引および利益相反取引、取締役の報酬決定の3つの場面を挙げ、一定の手続規制を設けている。

（1）競業取引とは、取締役が、自己または第三者のために、「会社の事業の部類に属する取引」[*7] を行うことである。例えば、**図表7-1** のように、アイスクリーム販売事業を営む X 会社の取締役ジョージが、近隣でアイスクリームの移動販売をする Y 会社を設立してその代表取締役となり、客にアイスクリームを販売する場合である。取締役が競業取引を行う場合には、株主総会（取締役会設置会社なら取締役会）で取引の重要な事実[*8]を開示し、そこでの承認を得なければならない（競業避止義務：356条1項1号・365条1項）。経営に関与している取締役は、会社の営業機密やノウハウ、顧客情報を容易に知りうる立場にあり、それらを利用すれば外で会社とほぼ同種の事業を展開して会社が得られるはずの利益を奪うおそれがあるためである。

＊4 取締役の監視義務は、取締役会に上程された事柄のみならず、業務執行の全般が適正に行われるよう監視しなければならないとされる。

＊5 内部統制システムの内容は、取締役・執行役の職務法令・定款に適合することを確保する体制（法令遵守体制）、リスク管理体制、情報の保存・管理体制などがある。大会社、指名委員会等設置会社および監査等委員会設置会社では、その整備の決定が義務づけられている。

＊6 PDCA サイクル
Plan（計画）→Do（実行）→Check（評価）→Action（改善）という一連の手順を繰り返すことで継続的に改善していく手法。

＊7 会社が行っているのと同種または類似の商品・サービスを対象とする取引である。具体的には、現在または将来市場において会社の取り扱う商品や取引先と競合し、会社と競争関係が生じるおそれのある取引かどうかで判断される。

＊8 本文の例で言えば、ジョージによる競業が、X会社に与える影響を判断するのに必要な情報（例えば、Y会社の事業内容や扱う商品とその価格、取引先など）である。

＊9 直接取引
取締役が自己のため（当事者として）または第三者のために会社と取引をすること。
間接取引
取締役の個人的債務を会社に保証してもらうこと。

＊10 なお、競業取引も利益相反取引も、必ずしも会社にとって不利益になるとは限らないから、一定の手続きを経ればなしうる（つまり絶対禁止というわけではない）ことに留意しておこう。

会社法　356条1項
取締役は、次に掲げる場合には、株主総会において、当該取引につき重要な事実を開示し、その承認を受けなければならない。
一　取締役が自己又は第三者のために株式会社の事業の部類に属する取引をしようとするとき。
二　取締役が自己又は第三者のために株式会社と取引をしようとするとき。
三　株式会社が取締役の債務を保証することその他取締役以外の者との間において株式会社と当該取締役との利益が相反する取引をしようとするとき。

会社法　365条1項
取締役会設置会社における第356条の規定の適用については、同条第1項中「株主総会」とあるのは、「取締役会」とする。

＊11 基本給となる報酬（俸給）、賞与（ボーナス）その他、職務執行の対価として支給される財産上の利益である。退職慰労金も含まれるとされる。

（**2**）利益相反取引とは、**図表7-2**の通り、直接取引と間接取引の2種類の取引のことである＊9。いずれも、取締役（ジョージ）が会社（X社）の利益を犠牲にして個人的に利益を得るおそれがあるから、競業取引と同様の手続を経なければならない＊10（356条1項2号3号・365条1項）。

図表7-1　競業取引

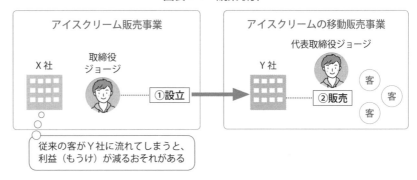

図表7-2　利益相反取引

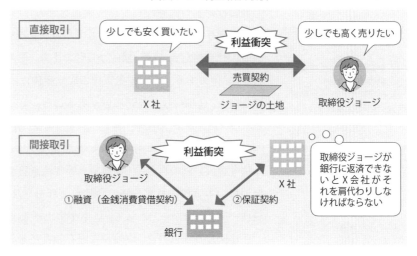

（**3**）取締役の報酬＊11については、定款で定めるか、または株主総会の決議で決定しなければならない（361条1項）。もし取締役が報酬を自ら決定できるとなると、不当に高額の報酬を決定し（お手盛り）、会社の利益を奪いかねないからである。

　報酬の内容ごとに決め方が異なり、①額が確定していればその額（例：月額100万円）、②額が確定していないもの（例：業績や株価に連動する報酬）はその具体的な算定方法、③金銭でないもの（例：社宅や自社製品）はその具体的な内容を決定しなければならない。最近は、取締役の報酬を業績に連動

*12 本文②の業績連動型報酬や、株式または事前株予約権（ストック・オプション）を与える報酬がインセンティブ報酬と言われる。

させることで、取締役に業績を向上させる意欲を高めるインセンティブ報酬*12 が増加している。

Ⅱ 取締役は、誰に、どのような責任を負うのか

会社法 423条1項

取締役、会計参与、監査役、執行役又は会計監査人（以下この節において「役員等」という。）は、その任務を怠ったときは、株式会社に対し、これによって生じた損害を賠償する責任を負う。

会社法は、取締役がⅠの具体的な義務（任務）や法令に違反して経営に失敗し、会社や第三者に損害を与えた場合、その損害を賠償する責任を負うものと定める。取締役の責任は、①会社に対する責任、②第三者に対する責任に分類できる。これらの責任は取締役に限らず、他の役員等（監査役、会計参与、執行役、会計監査人）にも適用され、これらの責任を負う役員らは、連帯責任（連帯債務者）となる（430条）。以下、責任の内容を具体的に見ていこう。

*13 債務不履行責任
民法によれば、契約上の義務に違反し、それにより契約の相手方に損害を与えた者は、相手に生じた損害を賠償する責任を負う（民415条）。

*14 競業取引と利益相反取引の場合の特則
取締役が勝手に行った競業取引（競業避止義務違反）により会社に生じた損害額を会社が立証することは大変難しい。そこで、取締役または第三者が競業により得られた利益の額を損害額と推定する（423条2項）。また、利益相反取引についても、一定の関与が認められる取締役には任務懈怠が推定される（423条3項）。

1 会社に対する責任

取締役が善管注意義務や忠実義務などの自らの任務を怠った結果、会社に損害を与えた場合、会社に対して負う責任を任務懈怠責任という（423条1項）。任務懈怠責任は一般的な責任であり、その本質は、民法上の債務不履行責任*13 である。任務懈怠責任の成立要件は、債務不履行責任のそれと同様と捉え、①取締役に任務懈怠があること、②会社に損害が発生していること、③①と②に因果関係（原因・結果の関係）があること、④取締役に任務懈怠についての帰責事由（故意または過失）があること、である*14。具体的な法令違反以外の場合、任務懈怠＝善管注意義務違反となるため、①〜③の要件につき責任追及する側の会社がこれを立証すれば、取締役はなすべき職務を遂行しなかったとして、④も事実上、立証されたに等しいといえる。

任務懈怠責任以外に、取締役に固有の責任として、株主権行使に関して利

社長というのは役職名なのか。法的なものではないんだね！

コラム 社長と代表取締役は別物⁉

日本の会社では社内での上下関係を示す名称（肩書）として、社長や常務、部長、課長といった役職名が使われる。しかし、こうした肩書きには法的な意味はなく、会社法上の権限や義務が生じることはない。これに対し、代表取締役や取締役は、れっきとした会社法上の地位を示す名称であるから、当然、その地位に就任している者には法的に義務・責任が伴う。両者を混同しないようにしてもらいたい。

もっとも社長と呼ばれている者は、概ね会社法上も代表取締役の地位にあるケースが通例なので、社長と名乗る人から名刺をもらえば、そこには「代表取締役社長」と明記されていることが多いだろう。

益供与に関する責任（120 条 4 項）、剰余金等の分配において分配可能額の超過・欠損を生じた場合の責任がある（462 条 1 項・465 条 1 項）。

② 第三者に対する責任

取締役が任務を怠れば、会社だけでなく、「第三者」（取引先など会社債権者）にも損害を与えることは十分に考えられる。その場合、第三者は、取締役と契約関係にないため、取締役と任用契約のある会社のように、取締役に対して契約責任を追及することができず、民法の不法行為責任[*15]を問えるかどうかだけである。しかし、それでは第三者が損害を回復できないおそれがある。そこで、会社法は、取締役に悪意または重大な過失による任務懈怠があったときは、それによって第三者に生じた損害をも賠償する責任を負わなければならないと規定する（429 条 1 項）。

つまり、経済社会で重要な役割を果たしている会社において取締役の職務の重要性を考慮し、第三者を保護するために特別に責任を定めた規定と理解されている（法定責任説）。日本の株式会社は圧倒的に家族経営の中小企業が多く、こうした財産的基盤の弱い会社からの債権回収が困難となることがある。そこで、比較的資力の豊かな取締役個人に対して直接に責任追及させ、損害を回復させる方法を認めているのである。

取締役が損害賠償すべき損害は、直接損害（取締役の任務懈怠が直接に第三

*15 不法行為責任
民法が定める損害賠償責任の 1 つで、故意または過失によって他人の権利または法律上保護される利益を侵害した者は、これによって生じた損害を賠償する責任を負うというものであり（民法709条）、契約責任と違って法律関係にない者に対しても成立しうる損害賠償責任である。

会社法　429 条 1 項
役員等がその職務を行うについて悪意又は重大な過失があったときは、当該役員等は、これによって第三者に生じた損害を賠償する責任を負う。

> 会社のためになると信じて判断することが重要なのね！

発展　経営判断原則

取締役は、職務を遂行するなかで困難な経営判断を迫られることもある。例えば、子会社が倒産の危機にある場合、親会社が緊急融資をしても子会社を救済することができないおそれもあるため（子会社が倒産すれば融資した額が親会社の損害になってしまう）、親会社の取締役にとっては子会社に融資をすべきか否かの判断に悩むであろう。そういう場面で取締役の少しの判断ミスが結果的に会社に損害を与え、それが善管注意義務違反とされてしまうのであれば、責任追及をおそれて、取締役が経営判断に慎重になりすぎたり、取締役のなり手がいなくなったりするおそれもある。

そこで、取締役が会社のために適切な経営判断をした場合には、それが結果として判断ミスであった

としても責任が問われないのならば、取締役は、多少リスクはあっても大きなリターンが得られるような経営判断にも踏み切ることができる。こうした考え方は、アメリカの裁判所で Business Judgement Rule として発展し、経営の専門家でない裁判官より、日々経営に従事している取締役の判断を尊重すべきであると理解されている。

わが国もこうしたアメリカの考え方を参考に、取締役は、経営判断の過程（情報収集が適切だったか、専門家の助言を得たかなど）と内容に著しい不合理な点がなければ、善管注意義務違反が問われないものとする経営判断原則が裁判所や学説で定着している。経営判断の幅が広く認められることで、取締役の適切なリスクテイクにつながるものと期待される。

者に生じさせた損害）と**間接損害**（取締役の任務懈怠が会社に損害を与え、その結果として第三者に生じさせた損害）に広く及ぶ。直接損害は、例えば、倒産の危機に瀕している会社の代表取締役が、代金支払の見込みがないことを知りつつ会社を代表して取引先から商品を購入したが、会社が弁済できなくなった場合であり、間接損害は、取締役の放漫経営により会社が倒産し、銀行に借入金の返済ができなくなった場合である。

また、取締役が、計算書類等の虚偽記載や虚偽の登記・公告をした場合にも第三者に与えた損害を賠償する責任を負う[16]（429条2項）。ただし、取締役は無過失の立証をすれば免責される（429条1項但書）。

*16 本条の「第三者」に株主も含むとするのが一般的な理解であるが、間接損害の場合、株主は次のⅢで紹介する株主代表訴訟により責任追及が可能であるので、株主は本条の「第三者」には含むべきではないとの考え方も有力である。

考えてみよう

取締役会設置会社であるX会社の代表取締役ジョージが、取締役会に必要な人数（3名以上）を埋め合わせるため、ガイアに対し、取締役の職務を一切しなくてよいから取締役に就任してほしいと依頼をした。ガイアはこれを承諾し、X会社の取締役として適法に選任された（ガイアのような取締役を名目的取締役という）。その後、X会社の経営が破綻した場合、ガイアはX会社の取締役として取引先（第三者）に対して損害賠償責任（429条1項）を負わないといけないのだろうか。

Ⅲ 誰がどのように責任を追及できるのか

取締役の会社に対する責任に関しては、株主が、会社に代わって取締役の責任を追及する**株主代表訴訟**という特別の制度がある[17]。本来、会社に対する責任は、会社自身で追及していくべきであるが、役員同士の仲間意識が働き、実際に責任追及がなされないおそれもあるため、この制度は、会社に生じた損害の回復を実現する重要な仕組みである（**図表7-3**）。

*17 なお、株主は取締役以外の役員などに対しても、本制度を通じて責任追及の訴えを提起できる。

図表7-3 株主代表訴訟のしくみ

*18 他方、株主が会社に対する嫌がらせや売名を目的とした提訴（濫訴）を防止する見地から、株主や第三者の不当な利益を図り、会社に損害を加える目的がある場合は提訴請求ができないとする。

代表訴訟を提起するには一定の手続きがある。公開会社の場合、6か月前から会社の株式を保有している株主が、①会社に対し書面で責任追及の訴えをするよう請求し（847条1項本文）[18]、②会社が、①の請求があった日か

*19 その株主から請求があったときは、会社は提訴しない理由を書面等（不提訴理由書）で通知しなければならない（847条4項）。

ら60日以内に訴えを提起しないとき、株主は自ら原告となって訴えを提起できる*19（847条3項。単独株主権）。

代表訴訟を提起した株主は、会社に訴訟告知*20し（847条4項）、会社は訴えの提起がされたことを公告または株主に通知しなければならない（847条5項・9項）。訴訟開始の知らせを受けた原告以外の株主または会社も、提起された代表訴訟の原告側に共同訴訟参加または当事者の一方への補助参加ができる（849条1項）。こうした訴訟参加の制度は、訴訟当事者間での馴れ合い訴訟（例えば、被告取締役に有利な条件で訴訟上の和解をする）を防止するためにある。ただし、会社が被告取締役側に補助参加する場合は、その判断の適正を担保するため、監査役等の同意が必要となる（849条3項）。

*20 訴訟告知
訴えが係属（裁判所で訴訟中であること）していることを通知すること。

*21 裁判上の和解
裁判所において訴訟当事者双方が譲歩して訴訟を終結させること。裁判上の和解は、和解調書に記載されると確定判決（上訴により争うことができない判決）と同一の効力を生じる（民訴267条）。

最終的に、代表訴訟の判決（勝訴か敗訴）は会社に及び、株主が勝訴した場合は、取締役は裁判所で命じられた損害賠償額を会社に支払わなければならない。また、原告株主が被告取締役と裁判上の和解*21をすることもできる。実際、紛争を早く解決させるために和解による終了は少なくないが、訴訟当事者間の馴れ合いから和解がなされ、不当に取締役の責任免除がなされるおそれもある。そのため、原告株主と被告の和解は、会社の承認があれば会社にも和解の効力が及ぶ（850条1項）。

発展　特定責任追及の訴え（多重代表訴訟）

> 人間関係とビジネスは別物だけどできれば仲間を訴えたくないよ！

　子会社の取締役による違法行為が生じた場合、親会社は、子会社の株主として、その取締役の責任追求を、株主代表訴訟を通じて行うことができる。しかし、実際には親子会社といったグループ企業内での役員同士間の遠慮から、責任追及への期待は低く、子会社に生じた損害は、親会社にも波及し、親会社株主が不利益を被るおそれがあることが問題とされていた。そこで、平成26年会社法改正によって、最

終完全親会社の株主（6か月前から総株主の議決権の1/100以上の数の株式を有する株主）が、最終完全親会社に代わって、重要な完全子会社（最終完全親会社における完全子会社の株式の帳簿価額が5分の1以上）の取締役の責任追及をなしうる多重代表訴訟制度が導入された（847条の3）。

　これによって、子会社の取締役の責任を強化し、親会社の株主の保護を図ろうとしている。

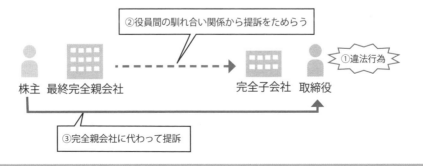

Ⅳ　取締役を責任から救済するには

　会社に生じた損害を回復させ、株主や会社債権者など利害関係者を保護するには、取締役に対する責任追及が適切に裁判所でなされることが望ましい。その一方で、取締役の責任が容易に認められてしまうと、取締役が責任リスクを恐れて経営判断に際して萎縮するおそれがあり、営利企業としては望ましくない面もある。特に大規模な会社では、取締役の賠償額が大きくなることがある。そこで、会社法は、取締役など役員の会社に対する責任を事後的に減免するための制度を定めている。

（1）責任の免除

　任務懈怠責任などの会社に対する責任は、総株主の同意により全額免除することができる（424条。なお、違法配当責任については分配可能額を限度とする〔462条3項〕）。

（2）責任の一部免除

　株主数の多い会社では（1）による責任免除の成立が現実的に困難であることから、任務懈怠責任のうち軽過失によるものにつき、責任額の一部を免除する制度もある。その方法として、①株主総会の特別決議による場合（425条）、②定款の定めに基づく取締役会の決議による場合[22]（426条）、また、③会社との事前の責任限定契約による場合（427条）がある。③の対象は、業務執行取締役等以外の取締役（社外取締役など）、監査役、会計参与、会計監査人（非業務執行取締役等という）に限定される。これらの者は社外から役員として登用されることがあるため、あらかじめ契約で責任額の一部免除

*22 役員間の馴れ合いによる安易な責任免除を防止するため、総株主の議決権の100分の3以上の議決権を有する株主が異議を述べると免除できなくなる（426条7項）。

リスクを怖れすぎると大きなリターンは望めないよね！

発展　令和の時代の新しい責任救済制度

　取締役など役員が、過度の責任追及をおそれて、経営者または経営判断を委縮させないようにするための制度について、本文Ⅳで挙げたほかに、令和元年会社法改正で新設された、①会社補償、②D&O保険についても紹介しておこう。①会社補償とは、役員は、会社または第三者に対する責任（➡本章Ⅱ）の追及を受けた場合に生じる訴訟費用（弁護士を雇う費用など）や一部の第三者責任を負う場合の賠償金・和解金につき、会社が負担する契約を会社と締結しておくことができるとするものである（430条の2）。役員が訴訟で適切に争うことは、会社にとっても損害

の拡大防止にもなる。②D&O保険とは、会社が保険会社との間で役員等賠償責任保険契約を締結し（保険料は会社負担）、役員が請求された会社または第三者に対する責任についての損害賠償金や訴訟費用の損害を（保険会社から役員に保険金が支払われる形で）填補してもらうものである（430条の3）。

　このような取締役の責任リスクを軽減する法環境を整えることは、日本企業の役員に国内外から優秀な人材を取り込むために必要であり、日本経済の稼ぐ力を高めることにつながるものと考えられている。

図表 7-4　責任の一部免除が認められる範囲

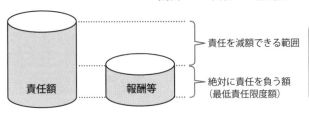

責任を減額できる範囲

絶対に責任を負う額
（最低責任限度額）

例えば、年間の報酬等の額が 1 億円の代表取締
役が 50 億円の責任額を負った場合、本制度を
適用すると、50 億円－（1 億円× 6 年分）＝
44 億円を最大で減免できることになる。

を約束しておくことで外部の人材を招きやすくなるように配慮したもので
ある。免除できる額は、地位と報酬額を基準として算出され、代表取締役は
報酬額の 6 年分、代表取締役以外の業務執行取締役等は 4 年分、非業務執行
取締役等は 2 年分の報酬額が最低責任限度額となる（**図表 7-4**）。

会社の命運は、会社から経営を任されている取締役の腕にかかっています。取締役
が経営の舵取りに失敗すると、会社だけでなく、株主、会社債権者といった多くの
利害関係者に損害が及びます。そこで、会社法は、取締役に一定の義務を課し、万
が一、取締役が経営に失敗した場合に備えて、会社や会社債権者に生じた損害を賠
償する責任の仕組みを用意しています。ただ、取締役を厳しい義務や責任で縛り付
けすぎれば、取締役が責任を負うのを恐れて経営に萎縮してしまい、会社の成長は
望めません。スポーツ競技と同じで、経営にも守りと攻めのバランスが大切であり、
会社というチームで取締役が攻めの采配も思い切ってできる環境を整えなければな
りません。つまり、取締役を責任から救済する制度も、取締役に適切なリスクテイ
クを促す仕組みとして不可欠なのです。
会社法は、取締役による経営上の失敗などの不祥事から利害関係者を保護するため
に、経営の「お目付け役」も置いています。この点は次章で学んでいきましょう。

課題

1．実際の株主代表訴訟にはどのようなものがあるか、新聞記事検索データベース（日経テレコン
　など）を使って調べてみよう。
2．実際の取締役の報酬額や報酬体系についても、EDINET で関心のある会社で検索し、有価証券
　報告書を閲覧してみよう（第一部 第四 6 （4）役員の報酬等）。また、近時、導入する企業が増
　えているインセンティブ報酬について、その具体的な内容や決定方法及び方針などを調べて
　みよう。

第8章

経営をチェックするのは誰？

監査

ジョージ

粉飾決算って企業の不祥事の中でもダントツに多いよね。アメリカのエンロン社では、日本円で約3500億円もの粉飾決算をしていたことが内部告発をきっかけに明らかにされたんだってさ。告発したのが誰だったのか、ドラマみたいで興味あるよね。

財務情報を見張る立場の監査法人がグルだったっていうんだからタチが悪いよね。そんなことじゃ株主はどの情報を信じて投資すればいいかわからなくなってしまう。結局、エンロン社も監査法人も倒産したらしいけど、当然だよ。

ジュンイチ

経営者が粉飾決算をしないように監視するのは取締役会と監査役の仕事だけど、会計監査は会計の専門家である公認会計士や監査法人に依頼するんですって。私も会計の資格を目指して勉強してみようかな。

ガイア

これまで見てきたように、株式会社の経営（業務執行）は、重要なものについては取締役会が決定し、代表取締役が決定された業務を執行します。

取締役会は、取締役の業務執行を監督するので、代表取締役らが効率的に経営しているかどうかをチェックしますが、他方、代表取締役らが不正・違法な行為をしているかどうかをチェックするような場面では十分とはいえません。そこで、取締役会から独立した機関としての監査役や、会計監査のプロとしての会計監査人が重要な役割を担うことになります。

今回は、まず、会社経営における監査役の役割を説明していきます。続いて、特に会計監査の職業専門家である会計監査人（公認会計士や監査法人がその職責を果たします）の役割を見ていきます。

オモカネ先生

Ⅰ　監査役の仕事とは

 監査とは

　監査役は、取締役の職務執行を監査する機関である（381 条 1 項）。監査役の監査は、会計だけでなく、企業経営全般に及ぶ。「監査」という言葉にはなじみがないかもしれないが、要は "チェックして意見を表明する" ということである。

　まず、監査役は、取締役の作成した計算書類[*1]（➡第 12 章）を監査する。計算書類を監査することを会計監査[*2] という。会社は株主に出資をしてもらい、それを元手に事業活動を行っているため、取締役は、事業活動の結果、利益が出たのか損が出たのか、会社の財務はどのような状況なのかについて、計算書類を作成して株主総会に報告しなければならない。このとき取締役が、本当は損が出ているのに、利益が出ているかのような不正な会計処理をすることがある（粉飾決算）。取締役が虚偽の計算書類を作成していないかをチェックするのが監査役ということになる。

　また、監査役は、会計に関する事項以外にも業務全般について監査する。これを業務監査という。業務監査は、研究開発・製造・販売・人事・情報管理・資金調達など、会社の全ての経営活動を対象とする。監査役は、取締役が行った意思決定や取引などにルール（法令・定款）違反がないかをチェックする。

　事業年度の終了時、監査役は、業務監査と会計監査の両方の結果について監査報告を作成する。監査を受けた計算書類は、取締役会の承認を得て、監査報告とともに定時株主総会の招集通知に添付される。

　監査役は、取締役が株主総会に提出する議案や書類を調査し、ルール違反や著しく不当な事項があったようなときは、その調査結果を株主総会に報告しなければならない（384 条）。また、株主総会に出席し、株主から質問があれば、それに回答しなければならない（314 条）。

　また、監査役の業務監査は、ルール違反をチェックすることにとどまらない。監査役は、取締役の職務執行にルール違反や著しく不当な事実があった

＊1　計算書類
各事業年度に係る貸借対照表、損益計算書、株主資本等変動計算書、個別注記表をいう。なお、事業報告ならびにこれらの附属明細書を含めて、監査役はこれらの書類を監査しなければならない（436 条 1 項）。

＊2　会計監査のみ行う監査役
大会社でない非公開会社は、定款の定めにより、監査役の権限を会計監査に限定することができる（389 条）。業務監査のコストを抑えたい中小会社にニーズがある。この場合、監査役設置会社（2 条 9 号）とは扱われず、株主の監督是正権がより強化されている。

会社法　381 条 1 項
監査役は、取締役（会計参与設置会社にあっては、取締役及び会計参与）の職務の執行を監査する。この場合において、監査役は、法務省令で定めるところにより、監査報告を作成しなければならない。

考 えてみよう

　株主総会への報告を受けて、その事業年度の活動結果について取締役に信頼を与えられないと考えたとき、株主総会は何ができるのだろうか。その株主総会に、取締役の再任議案が提出されていた場合にはどうだろうか。

ときは、それを取締役会に報告しなければならない（382条）。その行為によって会社に著しい損害が生ずるおそれがあるときは、取締役に対して違法行為をやめるよう請求することができる（385条）。

なお、取締役に対して会社が訴訟を提起するときは、代表取締役に代わって、監査役が訴訟を提起する（386条）。訴訟提起は業務監査そのものではないが、業務監査をする立場に着目して、会社と取締役との馴れ合いを防ぐ役割が監査役に期待されているのである（**図表8-1**）。

会社法　385条1項

監査役は、取締役が監査役設置会社の目的の範囲外の行為その他法令若しくは定款に違反する行為をし、又はこれらの行為をするおそれがある場合において、当該行為によって当該監査役設置会社に著しい損害が生ずるおそれがあるときは、当該取締役に対し、当該行為をやめることを請求することができる。

図表8-1　監査役による業務監査

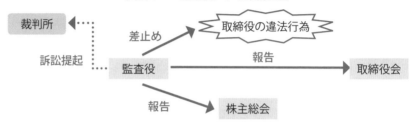

会社法　386条1項

第349条第4項、第353条及び第364条の規定にかかわらず、次の各号に掲げる場合には、当該各号の訴えについては、監査役が監査役設置会社を代表する。
一　監査役設置会社が取締役（取締役であった者を含む。以下この条において同じ。）に対し、又は取締役が監査役設置会社に対して訴えを提起する場合（以下略）

2　どうやって監査するのか

監査役は業務監査および会計監査を職責とするが、それをなしうる体制が整えられていなければ、実際に監査することは期待できない。

そこで会社法は、監査役に対して、会社および子会社に対する調査権を認めている（381条2項・3項）。監査役は適宜、取締役や従業員に対して、事業の報告を求めたり、会社の業務や財産状況を調査することが認められているのである。子会社に対する調査権が認められているのは、粉飾決算では、子会社に赤字を飛ばすなどの手口が使われることが多いからである。

また、監査役には、取締役会に出席することが義務づけられている。取締役会への出席は、取締役の職務執行を直接監査する場として、重要な意味をもつ。監査役は取締役ではないから、取締役会決議に一票を投じることはで

会社の事情を知りすぎない方が公平にチェックできるよね！

| コラム | **監査役の担い手は？** |

監査役の前職は、監査関係以外の部長等や執行役員、取締役が多く、これに監査関係部長等が続く。社外監査役（81頁側注4）の前職・現職は、公認会計士や税理士、弁護士、会社と無関係な会社の役職員が多い（2022年5月18日公表、日本監査役協会「役員等の構成の変化などに関する第22回インターネット・ア

ンケート集計結果」）。社内出身者は、会社の社風や経営方針をよく知る者といえるが、経営のチェックという監査の目的からすると、これを異なった視点から見直す者が望ましい。社外監査役の担い手として、独立した専門職にある有資格者への期待が高いといえる。

＊3 内部監査
内部統制システム（➡第7章）が適切に整備・運営されているかを組織内部から監視するのが内部監査である。代表取締役の直轄とする会社が多い。監査役は、内部監査部門から定期的な報告を受けつつ、取締役の職務執行（内部統制システムの整備・運用状況）を監査することになる。

きない。しかし、取締役会に出席して、必要があれば意見を述べなければならない（383条1項）。

なお、上場会社では通常、会社の業務のリスクマネジメントを行う部門（内部監査室や内部統制部門とよばれる）を設けて内部監査＊3 を行っている。監査役の監査も、このような部門と情報交換などで連携して行われることが多い。

3 監査役が義務を怠ると

会社法 423条1項

取締役、会計参与、監査役、執行役又は会計監査人（以下この節において「役員等」という。）は、その任務を怠ったときは、株式会社に対し、これによって生じた損害を賠償する責任を負う。

監査役は、会社と委任の関係に立つ（330条）。したがって、監査役は、善管注意義務を尽くして監査をしなければならず、監査役が義務を怠り、これによって会社に損害が生じた場合には、会社に対して損害賠償責任を負う（423条）。

また、監査役は、株主や投資家、会社の取引先などの第三者に損害が生じた場合にも責任を負う（429条1項）。特に監査報告の重要な事項について虚偽の記載があったような場合には、監査役は、無過失を立証しなければ、その責任を免れることはできない（429条2項3号）。

会社法 429条1項

役員等がその職務を行うについて悪意又は重大な過失があったときは、当該役員等は、これによって第三者に生じた損害を賠償する責任を負う。

図表 8-2　適法性監査と妥当性監査

※誰がみても不当と認められるような場合は「著しく不当」（382条参照）として監査役の監査対象となる

考えてみよう

監査役の業務監査の範囲は、一般には、取締役の職務執行の適法性をチェックすること（ルール違反を犯していないかのチェック）であると解されている（適法性監査）。監査の範囲が、取締役の職務執行の妥当性をチェックすること（妥当性監査）にまで及ぶかについては争いがあるが、監査役は、「著しく不当」な事実があるか否かについても監査しなければならないから、その意味では妥当性のチェックにも踏み込んでいるといえる（図表 8-2）。それでは、取締役の行為にルール違反や著しく不当な事実があるかを調べるために、監査役は何ができるだろうか。それを発見したとき、監査役は何ができるだろうか。I を読み直して、考えてみよう。

　　監査役がその職務を適切に遂行するには、監査される取締役から独立した地位が確保されていなければならない。取締役が監査役に圧力をかけたり、気に入らない監査役を簡単に代えることができるとすれば、実効的な監査は期待できない。

　　そこで会社法は、監査役の地位の独立性を確保するため、いくつかの規定を設けている。まず、監査役は、その会社および子会社の取締役や従業員であってはならないものとされている（兼任禁止：335条2項）。監査する者と監査される者が地位を兼ねていたのでは、監査の意味をなさなくなってしまうからである。このほかにも、図表8-3に示すような規定がおかれている。

会社法　335条2項

監査役は、株式会社若しくはその子会社の取締役若しくは支配人その他の使用人又は当該子会社の会計参与（会計参与が法人であるときは、その職務を行うべき社員）若しくは執行役を兼ねることができない。

図表 8-3　監査役の規定

任　期	取締役の任期は原則2年であるが、監査役の任期は原則4年とされている（336条1項）。監査役の任期を長くすることで、監査役の地位の安定化を図っている。監査役の任期は定款でも短縮することはできない（332条1項対照）。
選　任	監査役は株主総会の普通決議で選任されるが（329条）、総会の議案提出者は通常、取締役である。取締役が自分の気に入る者を監査役候補者として提案したり、気に入らないからといって、監査役の選任議案を提出しないといったことがないように、監査役には、選任議案の同意権や、選任議題・選任議案提出権が認められている（343条）。
解　任	取締役の場合とは異なり、監査役を解任するには、株主総会の特別決議によらなければならない（339条・309条2項7号）。普通決議より厳格な決議要件によることで、監査役の地位の安定化を図っている。
株主総会における意見陳述権	監査役が取締役の圧力に負けて辞任せざるを得なくなることもある。このような場合、監査役は、辞任後最初に招集される株主総会で、辞任した旨およびその理由を述べることができる。監査役は、他の監査役の選任・解任・辞任についても意見を述べることができる（345条）。
報酬・監査費用	監査役の報酬総額は、定款の定めまたは株主総会決議で決定されるが、各監査役の報酬額の分け方に取締役は関与することはできない。各監査役の報酬額は、監査役の協議で決定することになる（387条）。監査役は、監査に要する費用（監査費用）を会社に対して請求することができ、その前払を請求することもできる（388条）。監査費用を取締役が出し渋り、結果として十分な監査ができなくなることがないようにするためである。

Ⅲ　監査機能を向上させるには

　　上場会社の多くは、大会社でかつ公開会社である。このような会社では、組織的監査によって監査機能を向上させるため、複数の監査役からなる監査役会という機関の設置が義務づけられる。上場会社（東証プライム）の6

割弱は監査役会設置会社である（2022 年 8 月 1 日集計）。なお、このような会社では、監査役会を設置するかわりに、監査等委員会設置会社または指名委員会等設置会社となることを選択することもできる（➡第 3 章Ⅳ）。

1 監査役会の組織

監査役会は、3 人以上の監査役で組織される。その半数以上は、社外監査役でなければならない（335 条 3 項）。社外監査役[4]になるためには、就任前 10 年間、会社または子会社の取締役や従業員であったことがない必要がある。業務執行へ関与していない社外監査役を半数以上求めることによって、独立性が確保された実効的な監査活動を行うことが期待されているわけである。

監査役のうち少なくとも 1 人は、常勤の監査役でなければならない（390 条 3 項）。一般的には、このように常時会社に勤務する監査役が中心になって、常勤でない監査役（社外監査役は兼職等のため非常勤であることも多い）と分担・連携しながら、監査活動を行うことになる。ただし、常勤であろうと非常勤であろうと、監査役としての職務内容に差異はない。

2 監査役会の役割

監査役会は、常勤の監査役を選定・解職するほか、監査の基本方針や監査方法を決定し、監査役会としての監査報告を作成する（390 条 2 項）。このように監査役会は、各監査役の分担を決めたり、監査役間で連絡・情報交換する場としての意義がある。

監査役会のように数人の監査役がいる場合でも、監査役は、各自が独立して権限を行使しなければならない。これを独任制という。監査役の職務には、必ずしも多数決になじむとはいえないものも含まれるからである。例えば、監査役会において、子会社 X 社を監査役 A が調査するという方針が決

*4 社外監査役
会社法 2 条 16 号に定義がある。本文に述べた要件のほか、その就任前 10 年内に子会社を含み監査役であった者は監査役の就任前 10 年間に子会社を含み取締役等であったことがないこと、親会社・兄弟会社の取締役等でないこと、取締役等の配偶者等でないこと、といった要件を満たす必要がある。

コラム **増える監査等委員会設置会社**

導入から 7 年間で上場会社の 4 割近くまで増えている！

監査役会設置会社では、重要な業務執行は取締役会が決定するため、慎重な判断ができる反面、審議に時間を取られるという問題がある。指名委員会等設置会社では、執行役が業務執行を決定できるが、指名（人事）や報酬は委員会（主に社外の者）が決定するため、実際のニーズは低い。監査等委員会設置

会社では、一定の条件のもとで代表取締役が重要な業務執行を決定できるうえ、指名や報酬も取締役会で審議できる。東京証券取引所が社外取締役選任を推奨していることも後押しして、ヤフー株式会社や三菱重工業、電通など、監査役会設置会社から監査等委員会設置会社に移行する会社が増えている。

定されたとしても、監査役Bが X 社を調査できなくなるわけではない。

　監査役会の監査報告は、個々の監査役の監査報告に基づいて作成しなければならない。監査役会の監査報告との間で意見の相違がある監査役は、自分の意見を監査役会の監査報告に付記することができる。

③ 監査等委員会・監査委員会とは何か違うのか

　監査役会設置会社ではなく、監査等委員会設置会社または指名委員会設置会社になることを選択した場合、執行と監督との分離により、コーポレート・ガバナンス（特に経営の効率性）が強化されることになる（➡第3章Ⅳ、第5章）。

　監査等委員会（監査等委員会設置会社の場合）または監査委員会（指名委員会等設置会社の場合）は、監査役会と比べると、監査する者の地位が取締役であるか監査役であるかという違いがあり、常勤で監査する者がいるか否か、さらに独任制を採用しているか否かという違いがある。

Ⅳ　粉飾を防ぐには

① 会計監査人の仕事は

＊5　監査法人
5名以上の公認会計士を社員として設立される法人で、その内部関係には、持分会社に関する規定が多く準用されている。監査法人が会計監査人となった場合には、社員の中から会計監査人の職務を行うべき者（職務担当者）を選定して、会社に通知しなければならない（337条2項）。

　会計監査人は、計算書類（およびその附属明細書）を監査し、その結果を会計監査報告として作成することを職務とする（396条1項）。大会社または監査等委員会設置会社または指名委員会等設置会社は、会計監査人を設置しなければならない（➡第3章）。

　会計監査人になることができるのは、公認会計士または監査法人＊5に限られる（337条1項）。特に大規模な会社では、財務内容が複雑で、会社の債権者などの利害関係人の数も多くなるため、粉飾決算が行われた場合の影響は大きい。そのため、プロフェッショナルとしての知識および技術を持つ

不正を許さないしくみを作るという覚悟を感じるなあ！

コラム　高まる監査人への期待

　監査人の監査の目的は、計算書類を監査して監査意見を述べることであるが、監査人がプロの目で会計監査をすることで、結果として不正・違法行為が発見されることが期待される。企業会計審議会が公表している「監査基準」では、監査人は職業的専門家として懐疑心を保持して監査を行い、不正リスクに対応した監査を実施すること、監査事務所は不正リスクに対応した品質管理を行うことが要求されている。「監査基準」は、度重なる粉飾決算事件や監査環境の変化に応じて頻繁に改訂が重ねられており、日本公認会計士協会も、これを踏まえて逐次詳細な実務指針を公表している。

者による会計監査が求められているのである。その職務を行うため、会計監査人には、会計に関して会社または子会社を調査する権利が認められている（396 条 2 項・3 項）。

　会計監査人は、計算書類が会社の財産および損益の状況を正しく表示しているかについて、会計監査報告において監査意見を表明しなければならない。会計監査報告は、計算書類や監査役（会）の監査報告とともに、定時株主総会の招集通知に添付される。

　会計監査人による会計監査は、職業的専門家としての公認会計士が会社との契約に基づき会計監査に係る事務を行うものであり（いわゆる外部監査）、監査役による監査とは別個になされるものである。監査役監査、内部監査、外部監査（会計監査人監査ともいう）の 3 つの監査を総称して、三様監査と呼んでいるが、それぞれ異なる監査の目的・役割のもと、情報交換などで適宜連携することで、実効的な監査を実現しようとしているのである。

　なお、会計監査人を設置した会社の監査役は、会計監査人による会計監査を前提として、これと協力・連携して監査を行うことになる。**図表 8-4** の①②を確認しておいてほしい。

公認会計士法 2 条 1 項
公認会計士は、他人の求めに応じ報酬を得て、財務書類の監査又は証明をすることを業とする。

公認会計士法 24 条 1 項
公認会計士は、財務書類のうち、次の各号の一に該当するものについては、第 2 条第 1 項の業務を行なつてはならない。 一　公認会計士又はその配偶者が、役員、これに準ずるもの若しくは財務に関する事務の責任ある担当者であり、又は過去一年以内にこれらの者であつた会社その他の者の財務書類 二　公認会計士がその使用人であり、又は過去一年以内に使用人であつた会社その他の者の財務書類 三　前二号に定めるもののほか、公認会計士が著しい利害関係を有する会社その他の者の財務書類

図表 8-4　三様監査

①会計監査人の職責は業務監査には及ばないが、監査に際して取締役の不正・違法行為を発見したときは、これを監査役（会）に報告しなければならない（397 条 1 項）。
②監査役は、会計監査人に対して適宜、監査に関する報告を求めることができる（397 条 2 項）。また、監査役は、会計監査人の監査が「相当」であるか－監査方法および会計監査の結果が相当であるか－を判断しなければならない。不相当と判断される場合には、自ら会計監査を実施し、その結果を監査報告に記載することになる。

2　会計監査人の独立性

　会計監査人には、監査される側である被監査会社からの独立性が確保されなければならない。例えば、被監査会社の役員や財務責任者となっている

公認会計士が会計監査人になっても、独立した公正な監査をすることは期待できない（公認会計士法24条参照）。そこで会社法は、会計監査人となる公認会計士または監査法人（その職務担当者を含む）について欠格事由[*6]を定めており（337条2項・3項）、欠格事由に該当する場合には、会計監査人または職務担当者となることができないものとしている。監査を補助する者についても、欠格事由が定められている（396条5項）。

また、取締役からの影響力を排除し、会計監査人の独立性を確保するため、**図表8-5**のように、会社法はいくつかの規定をおいている。独立性確保

＊6 欠格事由
①公認会計士法の規定する欠格事由（同法4条など）を有する者、②株式会社の子会社や子会社の取締役・会計参与・監査役・執行役から公認会計士・監査法人の業務以外の業務により継続的な報酬を受け取っている者またはその配偶者、③監査法人でその社員の半数が②に挙げる者であるもの（337条3項各号）。

図表8-5　会社法における会計監査人の規定

選任・解任	会計監査人は株主総会で選任・解任されるが、会計監査人の選任・解任・不再任については、監査役（会）に議案決定権がある（344条）。取締役からの独立性を確保するとともに、監査役との職務上の密接な関係に鑑み、監査役の意思を反映させるためである。 また、会計監査人に職務上の義務違反などがあったときは、緊急時に対応するため、株主総会の招集を待たずに、監査役（会）がその会計監査人を解任することができる（340条）。会計監査人が不在となってしまったときは、監査役（会）が、仮会計監査人を選任しなければならない（346条）。
意見陳述権	監査役と同じく、会計監査人は、選任・解任・不再任・辞任について株主総会に出席して意見を述べることができ、辞任した者・監査役（会）に解任された者にも意見陳述権がある（345条）。
任期・再任	会計監査人の任期は1年であるが、任期終了時の定時株主総会において別段の決議がされなかったときは、再任されたものとみなされる（338条）。監査役（会）が議案内容を決定しない限り、会計監査人は変更されないため、会計監査人の地位は相対的に安定する。
報　酬	会計監査人の報酬は、定款や株主総会決議によって決定する必要はない。ただし、取締役のみが報酬決定に関わると、会計監査人の報酬が低く抑えられかねないことから、取締役が報酬決定する場合には、監査役（会）の同意を得なければならないものとされている（399条）。

> 法律が違うと決算書の正式名も違うんだね！

コラム　金融商品取引法による監査

　株式・社債のような流通性が高い有価証券で一定の要件を満たすものについては、金融商品取引法という法律によって、各種の情報開示が義務づけられている（➡第13章）。この法律によると、上場会社は、財務諸表[※]が含まれた有価証券報告書を作成して金融庁に提出し、公衆縦覧（社会一般の人々が書類などを自由に見られるようにすること）に供さなければならず、また、その財務諸表について、会社と特別の利害関係のない公認会計士または監査法人の監査証明を受けなければならないものとされている。会社法による監査と金融商品取引法による監査の両方が必要となる会社では、両監査は通常、同一の公認会計士または監査法人によって担当される。

※）財務諸表
会社法上の決算書類を「計算書類」といい、金融商品取引法上の決算書類を「財務諸表」という。両者の対象書類は基本的に一致するものの（貸借対照表、損益計算書、株主資本等変動計算書、個別注記表）、財務諸表にはさらにキャッシュフロー計算書が含まれている。

と同時に、監査役との連携を図るため、会計監査人の選任・解任には監査役が積極的にかかわる点にも注意して見てみよう。

❸ 会計監査人の責任

会計監査人は、会社と委任の関係に従うため（330 条）、善管注意義務を尽くして会計監査を行わなければならず[*7]、その義務を怠ったことによって会社に損害が生じた場合には、会社に対して損害賠償責任を負う（423 条）。

会計監査人は、監査役と同様、第三者に損害が生じた場合にも責任を負い（429 条 1 項）、会計監査報告の重要な事項について虚偽の記載があった場合には、無過失を立証しなければ、その責任を免れることはできない（429 条 2 項 4 号）。典型的には、粉飾決算がなされていたにもかかわらず、会計処理や財産状況が適法である旨の監査意見を会計監査報告に記載していたような場合である。

＊7 会計監査人の善管注意義務
会計監査人は、リスク・アプローチ（重要な虚偽表示が発生するリスクの程度に応じて監査する監査手法）の考え方に基づき、虚偽表示の有無だけでなく、内部統制を潜り抜けて虚偽表示が行われていないかについても注意しなければならない。経営者側には、会計監査の方面からも適切な内部統制の構築が求められることになる。

監査役がその役割を果たすためには、取締役からの独立性が確保されていることが重要になること、また、複雑な財務内容を有する大規模な会社では、公認会計士または監査法人というプロによる会計監査が必要になることを覚えておいてください。粉飾決算があったにもかかわらず、監査役や会計監査人がそれを見逃して虚偽の報告をした場合、会社や第三者（投資家や株主、会社の取引先）に対して損害賠償責任を負う可能性があることも覚えておいてほしいと思います。

課　題

1． 監査役の監査については、日本監査役協会が「監査役監査基準」や「監査役監査実施要項」を作成し、一般例や参考事例を公表している。ホームページで、「監査役監査基準」はどのようなものなのか、また、同協会がどのような活動をしているのかを見てみよう。
日本監査役協会　http://www.kansa.or.jp/

2． エンロン事件後も、カネボウ、オリンパス、東芝のような粉飾決算事件は繰り返されており、公認会計士や監査法人に求められる期待は高まっている。日本公認会計士協会も自主的に、監査基準を策定したり、適正な監査を行うための制度（例えば上場会社監査事務所登録制度）を導入するなどしている。同協会がどのような取組みをしているのか、ホームページで見てみよう。
日本公認会計士協会　http://www.hp.jicpa.or.jp/index.html

事業に必要なお金は どうする？

第 **9** 章

新株と社債の発行

会社法によれば株式会社は資本金1円から作れることになっているけど、実際に会社を作るには最低でも数十万円はかかるよね。でも、最初から大金を準備するのはたいへんだから、事業がうまくいって利益が出たら少しずつ増資をしていくというのがよさそうだよね。

ジョージ

利益が出ていなくても増資はできるよ。新株を発行して投資家から出資を募ればいいんだ。伸び盛りの会社の新株なら成長間違いなしだから、みんな喜んで買ってくれるさ。いくらでもお金が集まるんだから、新株って便利だよな。

ジュンイチ

そんなに都合よくいくのかな？　新しく発行する株に価値がなければ買ってもらえないだろうし、逆に、それまでの株主が損をするようなことがあってはいけないだろうし、簡単にはできないような気がするけどな。

ガイア

企業が新たな資金を必要とする場合、銀行などの金融機関から借りることもできますが、それは主として短期の資金需要を賄うものと位置づけられます。株式会社の長期資金の調達手段としては、新株発行と社債発行があります。新たに株主を募集し、出資してもらうのが新株発行です。出資は返済の必要がありませんから、自己資本と呼ばれます。会社法は、新株主と、以前からの株主との利益調整の必要から、新株発行について規律します。一方、社債は償還期限があり、返済の必要がありますから、他人資本に位置づけられます。また、新株予約権は、権利者が権利行使すると会社が株式を交付すべき義務を負うことになる権利です。新株発行、新株予約権、社債の順に見ていきましょう。

オモカネ先生

I　新株発行による資金調達と既存株主の保護

1　新株発行・自己株式処分

　会社は資金調達を目的として、新たに株主になってくれる人を募集することができる。募集に応じた者に株式を割り当て、その者から出資を受けることによって、会社は資金を得ることができる。割り当てる株式は、会社が新たに生み出す株式（新株）もしくは、会社が保有している自社株式（自己株式）である。後者は、いわば株式の再利用である。割り当てる株式を新株とする場合を新株発行、自己株式とする場合を自己株式の処分という[*1]。

*1　会社法では、割り当てるべき新株または自己株式を募集株式と定義し、新株発行または自己株式処分を募集株式の発行等と呼び（199条1項）、両者で統一的な手続としている。

2　新株発行を会社法が規整する意味

　新株発行は会社にとって資金調達の手段となるが、実施にあたっては会社法に従い、慎重に行わなければならない[*2]。なぜなら、発行の仕方次第で、新株発行以前からの株主（既存株主）と新規株主との間で利益が対立し、既存株主の不利益になる恐れがあるからである。

　第1に、新株が発行されて新しい株主が加わると、既存株主が保有する持株の比率は低下してしまう（支配的利益保護の要請）。株主総会での議決権は、1株1個と数えるのが原則（308条1項本文）であるから、持株比率低下は、

*2　会社法が、新株発行・自己株式処分を同じ手続・規整の下に置くのは、両者で会社関係者に与える影響の点で違いがないからである。以下、本文では新株発行について説明するが、それらのことは、自己株式処分にも当てはまる。

新株発行によって株主が損をしないための工夫なのね！

発展　公正な払込金額と有利発行

　有利発行すると、会社全体の価値（時価総額）をより多くの株式数で分け合うため、1株当たりの価値が小さくなり、その結果として株価が下がる（株式価値稀釈化）。

　発行済株式総数100株、株価10万円の会社（時価総額1000万円）が、100株の新株発行をする場合（発行後の株式数200株）で考えてみよう。

　①払込金額（新株1株と引き換えに会社に払う金額）10万円とする場合、発行後の株価は10万円（2000万円÷200株）で変わらない。②払込金額5万円とす

ると、発行後の株価は7.5万円（1500万円÷200株）に下がる。

　②で、既存株主には、1株2.5万円の損失が発生するが、その損失分は新規株主の株式に移転し、新規株主が同額を得たことになる。②のような払込金額は新規株主にとって有利になるので有利払込金額といい、そのような発行を**有利発行**と呼ぶ。これに対して、稀釈化を起こさない水準の金額（通常は株式の時価）を**公正な払込金額**という。

発行済株式総数と同数の新株有利発行の影響（1株当たり）

発行前の株価	払込金額	発行後の株価	既存株主の損失	新規株主の利得
10万円	①10万円（公正金額）	10万円	損失なし	利得なし
	②5万円（有利金額）	7.5万円	2.5万円	2.5万円

既存株主の影響力低下を意味する。大株主としての発言力が低下し＊3、あるいは、それまで有していた少数株主権（➡第2章）を失うといったことが考えられる。

第2に、新株発行前の株式価値より低い金額で株式が発行されると、株式価値が薄められる（株式価値稀釈化）。その結果、既存株主は株価下落の不利益を被る（経済的利益保護の要請）。稀釈化による株価下落は、既存株主から新規株主への価値移転にほかならず、新規株主は棚ぼたの利得を得る。

第1の点からは、誰にどのように新株を割り当てるかが、第2の点からは、いかほどの金額で発行するかが、既存株主にとって重大な関心事となる。

II　誰にどのように新株を割り当てるか

1　株主割当て・第三者割当て・公募

新株を誰にどのように割り当てるかによって、①株主割当て、②第三者割当て、③公募の区別がある（**図表 9-1**）。

①株主割当ては、全株主に、各株主の持株数に応じて新株を割り当てることをいう（202条2項）。例えば、持株比率20％の株主には、新株の20％を割り当てる。株主割当てでは、持株比率に応じて新株を割り当てるので、発行後も持株比率は変わらず、株主が不利益を受けることはない。また、株主割当てでは、他者への価値移転が起きないため、払込金額の水準は問題とならない。時価よりも安い金額で発行するのが普通である＊4。

②第三者割当ては、特定の者＊5（複数可）に新株を割り当てることをいう（205条1項・206条2号）。第三者割当てでは、既存株主は必然的に持株比率が下がり、また、払込金額が公正でないと稀釈化による価値移転が起きる。

③公募は、新株を引き受ける者を広く募集し、これに応えて申込みをしてきた者に割り当てるものである。上場会社では、会社自身が公募手続をすることはなく、証券会社に一括して新株を引き受けてもらい、その証券会社が改めて株主募集の手続を実施することが行われており（買取引受け）、これを公募発行と呼んでいる＊6。上場会社の公募発行では、原則として直近の市場価格に基づいて払込金額（募集価格）を決定するので、時価発行とも呼ばれる。

図表 9-1　既存株主の支配的利益・経済的利益と配慮の要否

株主割当て	全株主に持株比率どおり	配慮不要
第三者割当て	特定の者に割当て	持株比率低下のおそれあり 払込金額公正性確保の要請
公募	新株主を広く募集	

② どのように使い分けるか

　既存株主の利益を損なわないという意味では、株主割当てが望ましい。株主割当ての払込金額は、通常、時価よりも低い金額とされ、株主は割当てに応じないと不利益となる[7]。しかし、お金がなければ引き受けたくとも引き受けられない。一部の株主が引受けに応じないと、会社としては予定の資金が集まらないことになる。予定資金の確実な調達という観点からは、第三者割当てや、買取引受けによる公募（上場会社の場合）が好まれる。

　新株発行は資金調達のためにするのが本来のあり方といえるが、新しい株主が会社に加わるという側面もある。第三者割当ては、特定の者を株主に迎えるという側面が強く、実務上もそうした使われ方がされる。提携先や取引先との関係強化のため株主になってもらう（すでに株主であれば持株比率を高める）場合や、業績不振の会社が経営てこ入れの意味で他社の出資を仰ぐといった場合が典型である[8]。

*7 新株を引き受けることは各株主にとって権利であるから、引き受けるか否かは各自の判断になる（204 条 4 項参照）。引き受けなければ、持株比率の面でも経済面でも不利益を受ける。

*8 第三者割当ては、既存株主の持株比率を低下させる効果があることから、取締役によって濫用的に実施されるおそれがある（➡Ⅳ）。

Ⅲ　新株発行をするには

① 新株発行の内容の決定

　新株発行を行うには、①新株の数、②払込金額、③出資金払込みの期日などの募集事項[9]を決定する必要がある（199 条 1 項）。

　募集事項の決定について、公開会社でない株式会社（非公開会社）では、株主総会決議を要することとしている（199 条 2 項、株主割当の場合 202 条 3 項 4 号）。新株発行は、株主組織を拡大することであり、また、株式に流通性がない非公開会社では、既存株主の支配的利益確保が強く要請されるからである。

　これに対して、公開会社では、原則として、取締役会決議で足りることとしている（201 条 1 項・202 条 3 項 3 号）。資金調達手段としての側面からは、決定の迅速性が要請されるため、業務執行機関である取締役会が決定機関としてふさわしい[10]。

（1）非公開会社──株主総会特別決議

　非公開会社は、発行株式全部が譲渡制限株式である。株式に流通性はなく、株主はそれぞれの持株数も含めて固定的である。株主にとって持株比率維持は重要であり、もし株主割当て以外の方法で新株発行が行われ、持株比率が下がれば、回復は事実上不可能である。そこで、募集事項の決定は、株主総会特別決議を要するとしている（199 条 2 項・202 条 3 項 4 号・309 条 2 項 5 号）。

*9 会社法 199 条は、募集株式の数、払込金額、出資履行（金銭払込みまたは財産給付）の期日または期間、新株発行の場合には増加する資本金の額などを定めるべきこととし（1 項）、これらの事項を募集事項と呼ぶ（2 項）。

*10 公開会社か否かにより、取締役会設置の要否（327 条 1 項）が変わることを思い出そう（➡第 3 章）。

（２）公開会社──取締役会決議

公開会社では、定款に定められた発行予定株式数の範囲内であれば、募集事項の決定は取締役会決議でよい[11]（201条1項・202条3項3号）。決定の迅速性が重視されるからである。

ただし、第三者割当ての有利発行（➡87頁発展）を実施するには、取締役が株主総会において有利払込金額を必要とする理由を説明した上で、株主総会特別決議を得なければならない（199条2項3項・201条1項・309条2項5号）。業績不振の会社が救済を得て危機を脱しようとする場合など、既存株主が納得し、経済的不利益を甘受するのであれば、有利発行を絶対的に禁止するまでのことはない。

2 出資の履行、新株主となる時期

新株を引き受けた者（会社から割当てを受けた者：206条）は、所定の払込みの期日に、会社が定めた銀行等に払込金額全額を払い込まなければならない（208条1項）[12]。

出資する財産は、金銭が原則であるが、不動産や動産（例えば車両や機械）あるいは知的財産権など、金銭以外の財産を出資の目的とすること（現物出資）もできる（199条1項3号・208条2項）。

引受人は、所定の払込みの期日に、出資の履行をした株式の株主となる（209条1項1号）。期日までに出資履行しなければ株主となる権利を失う（208条5項）。

新株発行により出資を受けると資本金が増える（増資）ので（199条1項5号・445条1項）、登記をしなければならない[13]（909条・911条3項5号）。

新株発行の手続は、株主総会または取締役会での募集事項の決定から始まり、払込期日に引受人が出資をして完了し、新株発行の効力が発生します。ここからは、既存株主が不利益を受けるような、問題のある新株発行への対処を見てみましょう。

IV 新株発行における株主の救済

1 新株発行の差止め

法令・定款違反の新株発行、または著しく不公正な方法による新株発行の場合で、それが実施されれば既存株主が不利益を受けるおそれがあるときは、新株発行の効力発生（209条1項）よりも前であれば、差止めを求めることができる[14]（210条）。差止請求の実効性を担保するため、通常、裁

*15 裁判所は、差止事由を
認めれば、差止仮処分命令を
下す。

会社法　210 条

次に掲げる場合におい
て、株主が不利益を受け
るおそれがあるときは、
株主は、株式会社に対し、
第 199 条第 1 項の募集に
係る株式の発行又は自己
株式の処分をやめること
を請求することができる。
一　当該株式の発行又は
自己株式の処分が法令又
は定款に違反する場合
二　当該株式の発行又は
自己株式の処分が著しく
不公正な方法により行わ
れる場合

判所に差止仮処分の申立て（民事保全法 23 条 2 項）をする*15（➡第 15 章）。

　不利益のおそれのある新株発行が進行中であることを株主が知る機会は、募集事項決定について株主総会決議を要する場合にはそのときにあるが、不要の場合には機会がない。取締役会決議だけで進められる公開会社では、払込期日の 2 週間前までに、募集事項を、株主へ通知または公告しなければならない（201 条 3 項・4 項）。

　判例は、裁判所の差止仮処分命令に違反した新株発行を無効とする。また、差止事由があるのに、会社が通知・公告をせず、株主に差止めの機会を与えることなくされた新株発行を無効とする。

（1）有利発行の差止め

　違法発行（210 条 1 号）としてしばしば問題になるのが、公開会社で、株主総会決議を欠く有利発行（第三者割当て）である。公開会社では、有利発行に当たらない限り、取締役会決議だけで手続を進めることができる（➡Ⅲ）。有利発行であるのに、所定の株主総会決議を得ずに新株発行することは違法であって、差止めの対象となる。この場合、争いとなるのは、払込金額の公正性である（会社側は公正金額と考えれば、株主総会決議を得ない）。上場会社の場合、決定直前の市場価格と近いこと、非上場会社では、会社が根拠とした株式価値算定方法に合理性があることが問われる。

（2）不公正発行の差止め

　不公正な発行（210 条 2 号）が問題となるのも、多くは、公開会社の第三者割当てである。公開会社では、取締役会決議だけで新株発行できる（➡Ⅲ）。しかし、取締役がこの権限を濫用する場合には、発行予定株式数の範囲内であっても、不公正発行として差止めの対象となる。取締役が、将来の再任の見込みを断たれ、あるいは解任のおそれがあるときに、自身の保身の

発展　主要目的ルール

> 会社のための新株発行なら OK！
> 経営者個人のためなら NG！

　取締役の選解任権は株主総会にある（229 条 1 項・339 条 1 項）。その意味で会社の支配権は株主にある。現経営陣の経営方針と対抗する方針が提示される状況（例えば敵対的買収）で、どの方針を採用するか、すなわち誰を取締役とするかの判断は、あくまでも株主がすべきことであり、それが会社法の予定する機関権限分配と考えられる。公開会社で、株主割当てを原則とせず、取締役会決議で新株発行できることとしているのは、資金調達手段としての側面（決定

の迅速性）を重視したからであり、取締役が自身の保身のため株主を選ぶことを容認するとすれば、会社法の権限分配秩序に反する。差止仮処分の申立てにより不公正発行が争われる場合、裁判所は、資金調達目的と現経営者の支配権維持目的（不当な目的）といずれが優越するかを審査して判断してきた。資金調達の必要性についての会社側の主張が認められれば、正当な権限行使と判断される。時間的にも制約がある中で、裁判所は難しい判断を迫られる。

目的で、当面資金調達の必要もないのに、新株発行を実施しようとすることが考えられる[16]。資金調達の必要性は容易に取り繕うことができるので、正当な権限行使であるかどうかの見極めは難しい。裁判所は、新株発行を実施する主要な目的がどこにあるかを審査して、不公正発行に当たるか否かを判断する（➡91頁発展）。

2 新株発行無効の訴え

新株発行手続に、株主に不利益を与える何らかの問題がある場合に、その効力発生前に、株主が事前の対応を執るための手段が、新株発行差止め（210条）である。これに対して、事後の対応手段として、新株発行無効の訴え（828条1項2号）がある。

無効の訴えといっても、何らかの違法がある場合に始めから効力が生じなかったとするのではなく、新株発行行為は一応有効なものとしておき、裁判所の審査の結果、無効の訴えが認容される場合でも、その新株発行行為は将来に向かって効力を失うこととする（将来効：839条）。これにより、それまでになされた株式譲渡や株主総会決議などは影響を受けないことになり、無効とされることによる混乱が回避される[17]。このように、無効といっても、主張方法は裁判所への訴えの方法に限られ、さらに、その提訴期間は公開会社では新株発行の効力発生日から6か月以内、非公開会社では1年以内に制限され、提訴権者も株主、取締役、監査役などに限られる（828条1項2号・2項2号）。新株発行が有効であることを前提に多数の法律関係が重ねられることを考慮して、その安定を図る趣旨である。

何が新株発行無効事由となるかについては規定がなく、解釈に委ねられる。しかし、判例は、ごく限られた事由しか認めていない。

会社を守るために新株予約権を使うんだね！

| 発 展 | 新株予約権無償割当てを利用した買収防衛策 |

対象会社の賛同のないまま、市場で株式を買い集めたり、株式公開買付けをしたりすることを敵対的買収という。対象会社はこれに対抗して、防衛策を導入することがある（有事導入型防衛策）。買収者の目的がわからないまま買収が進むと、株主は、不本意な価格で株式を売り渡さねばならなくなるおそれ（強圧性）がある。そこで、一定の場合（買収者の取得割合が20%以上となったときなど）に、買収者に不利な条件を付した新株予約権（➡本章Ⅴ）を無償割当て

すること（全株主に新株予約権を付与するが、買収者だけは権利行使できないなどの条件が付され、買収者の持株割合を大幅に低下させる効果を持つ）を警告して（防衛策の導入）、買収者に買集め等をいったん止めさせ、情報を開示させることをねらう。防衛策といっても、経営者の立場を守るためのものではないから、防衛策の発動（無償割当ての実施）には通常、株主総会の決議（株主意思確認総会）を求める（これがないと、裁判所で適法性を争う際、対象会社が不利になる）。

Ⅴ　新株予約権

1　新株予約権とは

新株予約権とは、権利者が権利行使すると会社が株式を交付すべき義務を負うことになる権利である[18]（2条21号）。新株予約権発行の際には、新株予約権の内容として、①当該権利が行使された場合に、行使者（新株予約権者）に交付される株式の数、②行使に際して行使者が出資すべき財産の価額（権利行使価額）、③行使することができる期間（権利行使期間）などを定めなければならない（236条1項・238条1項）。つまり、新株予約権者が権利行使すると（280条）、②の価額（権利行使価額）の出資（281条）をすることで、①の数の株式の株主となる（282条）。権利者は、株価が1株当たりの②の価額を上回る時に行使すると、その時点の株価よりも安く株式を取得できる。そうでない間は行使しなければよい。したがって、損失が出ることはなく、タイミングよく行使すれば大きな利益を得られる。

*18 交付される株式は、新株でも自己株式でもよい。

2　どのように使われるか

①資金調達手段として新株予約権を発行することもあるが、②取締役らの意欲を引き出すための報酬の手段として、あるいは、③買収防衛策の一環として利用されることがある。②の場合には、権利行使開始日を数年後にしておくと、将来、株価が上昇するほど行使者の利益が大きくなるので、取締役らにとって動機付けとなることが期待できる[19]（**図表9-1**）。

*19 取締役や従業員の動機付けを引き出すため、報酬を成果に応じたものとすることがある。この趣旨で発行される新株予約権をストック・オプションと呼ぶ。

図表9-1　ストック・オプション

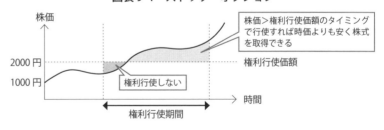

Ⅵ　社債

1　社債とは

社債は、その名のとおり金銭債権（会社にとっては債務）であって、会社法の定めに従い償還されるものをいう[20]（2条23号・676条）。社債を取得した者（社債権者）は、発行時の決定に基づき、定期的に利息を受け取ることができ、期限に社債金額の償還を受けられる。会社債権者であって出資者では

*20 社債の元利金払いの確実性を、第三者の立場から測定し、広くその結果を公表するのが、格付け機関である。社債の取引価格や利率は、格付けに応じて決まることになる。

*21 株主は、いったん出資
したものを会社から取り戻
すことはできず（出資返還禁
止）、また、剰余金配当は会
社の業績次第で変動し、受け
取れないこともあるが、株主
総会議決権を有する。

*22 社債券を発行すること
ができる(687条)ほか、振替社
債(社債、株式等の振替に関す
る法律)とすることもできる。

*23 新株予約権を付さない
社債を、本文の社債と区別す
る意味で普通社債（ストレー
ト・ボンド：SB）と呼ぶ。

ない[21]。また、償還前に譲渡することもできる[22]（民法466条1項）。

2 新株予約権付社債

　新株予約権と社債を組み合わせて、新株予約権付社債として発行することもできる（2条22号・238条1項6号7号・248条）。これには、①新株予約権行使に際し、行使者が新たに出資をし、権利行使後、社債部分だけが残るタイプ（ワラント債：WB）と、②新たに出資をせず、社債償還金をこれに充て、権利行使とともに社債が消滅するタイプ（転換社債：CB）とがある[23]。いずれの場合も、新株予約権を行使しなければ、期限に社債が償還されることになる。

Ⅶ 会社からの財産の流出

1 設備投資と取締役の報酬

　会社が事業に必要な財産を取得（通常は売買契約）するのは、業務執行権限に基づいて行われる。取締役会設置会社でも、日常的な業務執行事項は、代表取締役や一部の取締役（業務執行取締役）の判断に任される（363条1項）。しかし、会社にとって重要な財産の取得には取締役会決議を要し、代表取締役等に一任することはできない（362条4項1号）。重要性は、財産の価額、会社総資産に対する割合などにより総合的に判断される。さらに、他の会社の事業の全部を譲り受ける場合（事業譲受け➡第14章）には、株主総会特別決議を要する（467条1項3号・309条2項11号）。

　取締役と会社との関係は委任契約関係（330条、民法643条以下）であって、雇用関係ではない。したがって、取締役が報酬を得るには、会社との間でその旨の特約を結ぶ必要がある。この特約締結には、報酬額等について、定款に定めがなければ、株主総会決議で定めることを要する[24]（361条）。これを取締役会に任せてはお手盛りの危険があるからである。

*24 取締役が職務執行の対
価として会社から受ける財
産上の利益（例えば賞与）が
対象となる。ストック・オプ
ションを付与する場合も対
象となる。

2 株主への還元

　会社が利益を上げたとき、得られたお金は、①投資に回してビジネス拡大を図る、②いざというときに備える余裕資金としてとっておく（内部留保）、③株主に還元して出資に報いるといった使い道が考えられる。どうするかは経営者の判断になる。③の方法には剰余金の配当と自己株式の取得がある。

　剰余金の配当（➡第12章）を実施するには、配当に関する事項（配当財産の種類やその総額など）について株主総会決議を得なければならない[25]（454条

*25 株主の剰余金配当請求
権（105条1項1号）は抽象
的に認められた権利であっ
て、これに基づいて株主から
会社に配当支払を請求でき
るわけではなく、所定の手続
を経て初めて具体的な権利
となる。

1項）。取締役会設置会社では、1事業年度の途中1回に限り取締役会決議により剰余金の配当（中間配当）をすることができる旨を定款に定めることができる（454条5項）。これは、定時株主総会での配当決議と併せて年2回の配当機会を認めるものである。配当の割当ては、株主の持株数に応じて行うものとしなければならず、一部の株主だけを優遇するようなことは認められない（454条3項）。

一部の株主からその持株を会社が買い取る自己株式の取得も、会社から株主への資金還元の意味をもつ。ただし、株主間に不公平があってはいけないので、自己株式取得には、取得に関する事項（取得する株式の数、取得総額など）について株主総会決議を得た（156条1項）うえで、全株主に等しく買取り機会を与える方法（158条～161条）で実施しなければならない。

剰余金の配当・自己株式の取得は、会社から株主に財産が流出することになるので、債権者に配慮する必要がある（104条参照）。債権者の立場を害することなく株主への流出を許す限度額が分配可能額であり、配当等はその範囲内で行わなければならない（461条。➡第12章Ⅴ）。配当等の実施時点では分配可能額の範囲内であっても、その後の状況によっては分配可能額を割り込んでしまうことも考えられる。そこで、翌期の計算書類承認時点で分配可能額に欠損が生ずる場合、取締役は欠損額を会社に対して支払わなければならない（欠損填補責任：465条）。

会社法　454条1項

株式会社は、前条の規定による剰余金の配当をしようとするときは、その都度、株主総会の決議によって、次に掲げる事項を定めなければならない。
一　配当財産の種類（当該株式会社の株式等を除く。）及び帳簿価額の総額
二　株主に対する配当財産の割当てに関する事項
三　当該剰余金の配当がその効力を生ずる日

本章では、会社に資金が入ってくる場合（資金調達）と会社から資金が出ていく場合とを見てきました。株式会社の資金調達に関わるものとして、新株発行（自己株式の処分）、新株予約権、社債などがあります。新株発行では、既存株主の保護が重要な視点になります。財産が出ていく場面として、設備投資、取締役の報酬、剰余金の配当などについて検討しました。剰余金の配当では、会社から株主に財産が出ていくことになるので、会社債権者の保護が重要な視点になります。

課　題

上場会社が新株発行するとき、株主割当て・第三者割当て・公募が、それぞれどのくらい使われているか、日本取引所グループのウェブ・サイトで調べてみよう。
日本取引所グループ　http://www.jpx.co.jp/　➡　マーケット情報　➡　統計情報（株式関連）
➡　その他統計資料　➡　上場会社資金調達額

第10章

株主のなり方、やめ方

株式の譲渡

ジョージ

僕たちがアイスクリーム会社を始めるときは現金を出資すれば株主になれるわけだけど、新聞に株価が掲載されているような大企業の株主になるのとはだいぶ違うよね。大企業の場合は毎日たくさんの株が売り買いされて株価が上がったり下がったりするから、買うのも売るのもタイミングが勝負だよね。

株主になれば、株主総会決議に一票を投じる権利（議決権）や会社のあげた利益の中から配当をもらう権利（剰余金配当請求権）も持つことになる。もらった配当はまるまる儲けになるし、買ったときより高い株価で売れれば売却益分が儲かる。逆に株価が下がったときに売れば損してしまうけどね。

ジュンイチ

ガイア

取引できる人の数が多ければ多いほど、売却益で儲けるチャンスが出てくるというわけよね。最近は未成年でも口座をもてるネット証券会社もあるらしいし、「ジュニアNISA」といって未成年向けの非課税枠もあるんだって。おこずかいを節約して株主になってみようかな。

株式を取得して株主になると、会社に対してさまざまな権利（議決権や剰余金配当請求権など）を有することになります。株主になるには、会社の設立時や成立後の新株発行時に会社に出資する場合がありますが、すでに株主となっている者から株式を譲り受ける場合（株式の譲渡）もあります。
今回は、株式譲渡についての会社法の基本的な考え方を説明します。次に、株主となった者はどのようにして会社に対して権利行使するのか、会社側はどうやって誰が株主であるかを確認するのかについて、見ていきましょう。

オモカネ先生

Ⅰ 株式を譲渡するには

　ジョージがA社の株主になるには、A社が新たに発行する株式を買う（出資する）という方法だけでなく、A社がすでに発行している株式を買うという方法もある。売る側の株主から見れば、ジョージに対して保有しているA社株式を売却するということになるが、このように契約により株式を移転することを、株式の譲渡という。株式が譲渡されると、譲渡人である株主が有している会社に対する一切の権利が、譲受人であるジョージに移転する。譲受人であるジョージは、譲渡人に対して譲渡の対価（売買代金）を支払うことになるが、譲渡人は、これによって自分の出資した財産を回収することができる（投下資本の回収）。ジョージがA社の株主であることをやめたくなったときは、持っているA社株式を誰かに売ればよい。これによりジョージもまた投下資本を回収できる（**図表10-1**）。

図表10-1　株式譲渡のしくみ

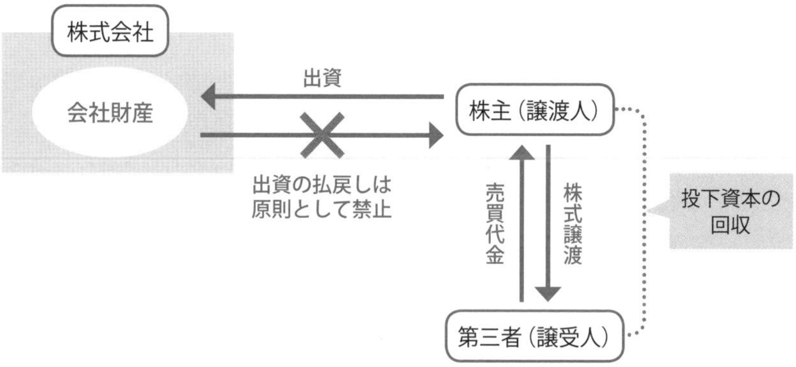

* 1　**株券**
手形や小切手、社債券などと同じ有価証券である。株券の占有者は適法の所持人と推定され（131条1項）、また、その占有者から株券の交付を受けた者は、悪意または重過失がない限り善意取得する（同条2項）。
株券を発行するには、その旨を定款に定める必要がある（214条）。

　投下資本の回収を容易にするために、会社は、株券*1という株主としての地位を表章する有価証券を発行することができる。この場合、譲渡人である株主は譲受人に株券を交付すれば株式を譲渡できるから（128条）、簡単かつ円滑に譲渡が行われることになり、株式の流通性は高まる。株式の流通性が高いと換金も容易になるため、会社にとっては、投資家が集まりやすくなるといえる。

　ただ、株式の譲渡がそれほど頻繁に行われない中小会社では、株券は不必要であるし、発行すると紛失や盗難のリスクにもつながる。会社法は、株券の不発行を原則としつつ、株式の流通性を高める必要性に応じて、株券の発行や株式振替制度（➡98頁「考えてみよう」）の利用を選択できるようにしている。

＊2　株券不所持制度
株券の紛失・盗難のリスクを避けるため、株券発行会社の株主は、株券の所持を希望しない旨を会社に申し出ることができる。株主はいつでも株券の再発行を請求できるが、その費用は株主負担となる（217条）。

＊3　株券失効制度
株券を喪失した者は、なくした株券を不正に利用されることを防ぐため、会社に対して株券喪失登録簿への登録を申請できる。登録日の翌日から1年経過すると、株券を再発行してもらうことができる（221条以下）。

● 株券を発行しない会社

上場会社……高度の流通性が必要とされるため、株式振替制度が利用される。

主に中小会社……流通性は不要であるため、株券を発行しなくてよい。（株式譲渡できなくなるわけではないが、譲受人は株券以外の方法で自分が株主であることを証明する必要がある。）

● 株券発行会社（株券を発行する旨を定款で定めた会社：117条7項）

上場会社以外の会社……流通の必要性に応じて、株券を発行する旨を定款で定めればよい。ただし、株券を発行すると紛失・盗難や不正利用のリスクも高まるので、株券不所持制度[2]・株券失効制度[3]が別途用意されている。

考 えてみよう

　株券は株式譲渡（ひいては株式投資）を円滑に行うための手段であるが、上場会社では株券が発行されておらず、かわりに株式振替制度（➡V）が採用されている。その理由を次の例で考えてみよう。

1．もし上場会社で実際に株券を発行したらどうなるか。個人投資家の半数はデイ・トレーダーであるといわれているが、そのような投資家が株式投資の都度、株券を引き渡すということは現実的だろうか。大量の株券を発行する会社のコストも馬鹿にならない。

2．株式振替制度の仕組みを、銀行口座で現金を振り替える方法を参考にして考えてみよう。口座の名義人が別の口座へ100万円を振り替えると、元の口座には100万円の出金が記帳され、送金先の口座には100万円の入金が記帳される。実際に現金100万円を払い戻したりすることなく、口座の記帳を見れば、100万円が移動していることがわかる。

Ⅱ　株式を譲渡されたら困る場合には

＊4　同族会社
特定の親族などが株式保有・経営する会社をいう。なお、法人税法上は、株主上位3名の株式数・出資金の合計が全体の50%を超えている会社をいい、中小企業の約96%が税法上の同族会社であるとされる（国税庁統計情報・会社標本調査結果統計表第12表「法人数の内訳」参照）。

　会社法は、株主が株式を譲渡できることを認めているが（株式譲渡自由の原則：127条）、会社にとってみれば、勝手に株主が変わったりするのは困る場合もある。例えば同族会社[4]などのファミリー企業である。このような場合には、株主が勝手に株式を譲渡できないことを定款で定めておけばよい（法律的には、譲渡制限株式を発行するという方法をとる。➡第3章）。このような定款の定めがある会社を非公開会社と呼んでいるが、非公開会社では、株主は、会社の承認[5]がなければ、保有する株式を譲渡することはできない。

* 5　譲渡承認機関
株主総会が原則であるが、取締役会設置会社であれば、定款に別段の定めがない限り、取締役会が承認する（139 条 1 項）。非公開会社では、任意に取締役会を設置している場合が多い。

　会社の承認なく株式を譲渡できないといっても、譲渡自体が禁止されるのではなく、譲受先が制限されるだけであることに注意しよう。このような会社では、意に沿わない人が株主になってほしくないだけであるから、会社が譲渡を承認しないと決定した場合には、会社自身が買い取るか、会社の希望する売却先（指定買取人）を指定しなければならない。非公開会社でも、投下資本の回収は保障されているのである（**図表 10-2**）。

図表 10-2　会社法における譲渡制限株式の譲渡承認手続

X が保有する B 社株式（譲渡制限株式）を Y に対して譲渡する場合

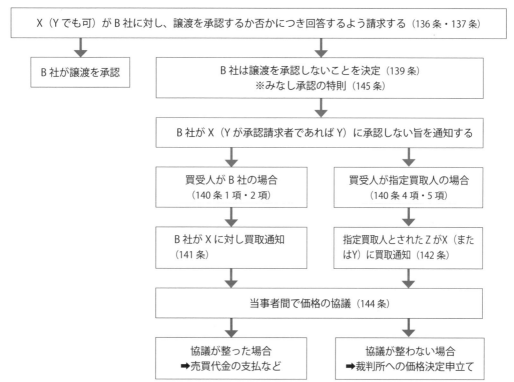

Ⅲ　「自社株買い」とは何か

* 6　自己株式の取得
法の規定に基づき取得する場合も含めて、自己株式を取得できる場合は 155 条に列挙されているが、一般に自己株式の取得、自社株買いというときは、株主との合意に基づき会社が自己株式を取得する場合（155 条 3 号）をさしている。

　株式会社が、発行している株式（自社株）を自身で取得することを一般に、**自己株式の取得**[6] と呼んでいる。世間では「自社株買い」といわれることが多い。会社が自己株式の取得を行うと、流通する株式数が減るので株価は上がり、また、少ない資本で利益を上げる形になるので、経営効率を高めている会社と映るようになる。

　A 社が自己株式の取得を行えば、A 社株式を保有しているジュンイチは、

株価上昇という形で見返りを受ける。ジュンイチには配当という見返りもあるが、配当[*7] は一度決めるとあまり変わらないし、年1～2回、決まった時期に実施されることが多い。これに対し、自己株式の取得は、会社の経営状況に応じて機動的に行われる。株価の上昇は、売却益にも反映されることになる。

　自己株式の取得には、会社から財産が流出したり、株主間の不平等になるといった弊害もあるので、一定の条件を満たした場合にのみ、これをすることができる（**図表 10-3**）。

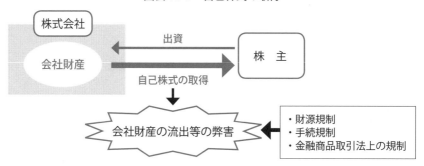

図表 10-3　自己株式の取得

❶ 財源を確保する

　会社法の算定ルールに従って（461条）、会社の剰余金を算出する（➡第12章）。剰余金がなければ、自己株式の取得はできない。

❷ 自己株式の取得を決定する

　会社が自己株式を取得するには、取得方法や取得価額が株主間で不平等にならないよう、株主総会の普通決議を経る必要がある（156条）。特に、特定の株主だけを売主として自己株式を取得する場合には、株主間の公平が

＊7 配当

会社が売上げなどの利益を株主に還元する目的で分配するもの。一般には、現金で支払われることが多い（現金配当）。配当金は、持株数に比例して分配される（454条）。なお、株主優待といって、株主へのサービスとして、会社が自社製品や割引券・優待券を株主に配布することがある。配当金とは異なるが、株主からみれば、会社からもらえるものという点では共通する。

もともとお金がたくさん
ある会社ってことかな？

コラム　大企業でも非公開会社？

　有名な大企業は上場していることが多いが、上場していなくとも、日本 IBM やサントリーホールディングスのように有名な大企業もある。上場しないと市場での資金調達は制限されるが、投資家を意識せずに長期的な視点で経営できる。特にサントリーは非公開会社であり、創業者一族である佐治・鳥井家が資産管理会社を通じてその株式のほとんどを保有し、経営陣にもその名を連ねている。トヨタ自動車や村田製作所のように、同族会社が上場している例もあるが、上場する以上、非公開会社であることはできず、一定数の株式が流通するよう、証券取引所の上場基準を満たす必要がある。

害されるおそれが大きいため、株主総会の特別決議を経なければならない（160条）。このとき、他の株主には、自分も売主に追加してくれるよう請求する権利（売主追加請求権[8]）が認められている。自己株式の取得が決定されたら、その決定内容に従って、株主と会社との間で株式譲渡が行われることになる。

なお、上場会社には例外ルールがあることに注意しよう。上場会社の場合、市場取引で自己株式を取得するときは取締役会でこれを決定できる旨をあらかじめ定款で定めておけば（165条）、株主総会の普通決議を経ずに、取締役会の判断で機動的に自己株式の取得を行うことができる。市場では株主間の売買によって市場価格が形成されているため、会社が市場で不特定の株主から市場価格で自己株式を取得しても、株主間の公平性を害することにはならないからである。上場会社による自己株式の取得は頻繁に行われているが、この例外ルールによっている。

❸ 自己株式を保有する──「金庫株」

会社は、特に期間の制限なく、自己株式を保有することができる。自己株式には議決権がなく（308条2項）、剰余金の配当もできない（453条）。いわば金庫に入れたまま使われない株式であるので、「金庫株」ともよばれる。

会社は、自己株式を保有しつづけるだけでなく、自己株式の消却（自己株式を消滅させること）をすることもできるし（178条）、自己株式の処分（第三者に売却すること）をすることもできる。自己株式処分の手続は、株式の発行と同じルールに従うことになる（➡第9章Ⅰ）。

> **＊8 売主追加請求権**
> 株主総会の議案として、特定株主に加えて自己も加えたものを総会の議案とするよう請求することになる（160条3項）。原則として、総会の日の2週間前までに原案が他の株主に通知されるので、総会の日の5日前までに修正議案を会社に提出する必要がある。

考えてみよう

企業が手元においている「金庫株」には、どんな使い道があるのか、次の例で考えてみよう。

1. 役員や従業員の意欲向上に役立てるため、ストック・オプション（➡第9章Ⅴ）を発行したい。オプションが権利行使されたら株式を交付しなければならないから、あらかじめその分を確保しておきたい。
2. P株式会社は、Q株式会社と資本提携することになった。P社は、Q社から総額20億円の出資を受ける代わりに、Q社に対してP社株式を交付したい。P社の金庫株の総額は、30億円相当に達している。
3. R株式会社では、金庫株が発行済株式総数の15％を占めている。市場では、いずれ金庫株が放出されて、株価が下がることが懸念されている。R社としては、金庫株を消滅させて、市場の不安を打ち消したい。

株式は、会社の関知しないところで流通し、会社にとってみれば、絶えず株主は変動している。変動する株主を把握するために、会社法は、会社に株主名簿を作成することを義務づけている（121条）。

なお、株主数が多いような会社では、株式事務に係る負担は大きくなる。そのような場合には、定款の定めにより、会社に代わって株主名簿の作成・備置、その他の事務を行う者（株主名簿管理人）を置くことができる（123条）。上場会社では、株主名簿管理人を置いていることが多く、通常、信託銀行等がこれにあたっている（**図表10-4**）。

会社法　121条

株式会社は、株主名簿を作成し、これに次に掲げる事項（以下「株主名簿記載事項」という。）を記載し、又は記録しなければならない。
一　株主の氏名又は名称及び住所
二　前号の株主の有する株式の数（種類株式発行会社にあっては、株式の種類及び種類ごとの数）
三　第一号の株主が株式を取得した日
四　株式会社が株券発行会社である場合には、第二号の株式（株券が発行されているものに限る。）に係る株券の番号

会社法　123条

株式会社は、株主名簿管理人（株式会社に代わって株主名簿の作成及び備置きその他の株主名簿に関する事務を行う者をいう。以下同じ。）を置く旨を定款で定め、当該事務を行うことを委託することができる。

会社法　130条1項

株式の譲渡は、その株式を取得した者の氏名又は名称及び住所を株主名簿に記載し、又は記録しなければ、株式会社その他の第三者に対抗することができない。

図表10-4　株主名簿の管理

1　株主として権利行使をするには

株式譲渡が行われた場合、株式を譲り受けた自分が株主であることを会社に対して主張し、株主としての権利を行使するには、株主名簿に氏名・名称および住所を記載しなければならない（130条）。これを**株主名簿の名義書換**という。譲渡制限株式については、会社の承認がなければ名義書換はできない（134条）。

名義書換を請求しないままでいると、譲受人は会社から株主として取り扱ってもらえない。反対に、いったん名義書換を済ませた後は、そのつど株

企業にとってはいざという時のための貯金なのかな？

| コラム | **筆頭株主は「自社」？** |

　上場会社の「金庫株」の数が増えている。2022年度の自社株買いの金額は9兆円を超えており、2020年には自社が筆頭株主になっている企業は329社と全体の1割近くになっている（日本経済新聞2020年7月10日）。自己株式取得には株主還元の効果があり、企業にも一定の使い道がある（➡98頁「考えてみよ

う」）。しかし、企業が余剰資金を投資に振り向けなくなってしまうと、資金は経済全体に循環しなくなり、経済は活性化しにくくなってしまう。企業が余剰資金を投資へ振り向けるようにするにはどうすべきかが議論されている。

券を提示したりしなくとも、会社に対して権利行使できることになる。

なお、上場会社には上記とは別のルールが適用される（➡Ⅴ）。

2 株主名簿の閲覧はできる？

自分が株主として株主名簿に記載されているかを確かめるには、株主名簿の記載事項について会社に証明書を発行してもらえばよい（上場会社を除く。➡Ⅴ）。ただし、株券発行会社の株主は、株券をすでに持っているため、この証明書を発行してもらうことはできない（122 条）。

自分のほかに誰が株主になっているかを確かめることもできる。株主および会社の債権者は、営業時間内はいつでも、株主名簿を閲覧・謄写することができる（125 条）。

3 会社は誰に対して通知すればいい？

会社が株主総会招集通知などの各種の通知を株主に対して送るには、株主名簿上の株主の住所（各株主から別に連絡先を受けているときは、その連絡先）に送ればよい（126 条）。

Ⅴ　上場会社の株主になるには

株券は株式の流通性を高めるが、株式を市場に上場しているような会社では、大量の株券の存在は、逆に、円滑な株式譲渡の妨げになる。そこで上場会社では、株式振替制度（株券を発行せず、口座間の振替により株式譲渡する制度）が採用されている（➡98 頁「考えてみよう」）。

1 上場株式はどうやって購入するのか

まず、証券会社で証券口座を開設すると、ほふり*⁹という中央的な証券

会社法　125 条

株式会社は、株主名簿をその本店（株主名簿管理人がある場合にあっては、その営業所）に備え置かなければならない。
2　株主及び債権者は、株式会社の営業時間内は、いつでも、次に掲げる請求をすることができる。この場合においては、当該請求の理由を明らかにしてしなければならない。
一　株主名簿が書面をもって作成されているときは、当該書面の閲覧又は謄写の請求
二　株主名簿が電磁的記録をもって作成されているときは、当該電磁的記録に記録された事項を法務省令で定める方法により表示したものの閲覧又は謄写の請求

*9　ほふり
株式会社証券保管振替機構（ほふり）とは、株式の振替業務などを事業目的とする株式会社である。上場証券（株式や社債など）の取引の決済や管理をまとめて行っている。

株主総会は基準日に株を保有している人が出席できるんだね

コラム　いつの時点の株主が株主総会に出席する？

株式の売買が頻繁な会社では、会社が株主総会招集通知を発送した後も株式譲渡が行われて、招集通知を受けた者が総会の日には株主でなくなってしまうことがある。このような事態を避けるため、会社は**基準日**の制度を利用できる（124 条）。例えば 3 月決算の会社では、3 月 31 日時点の株主名簿上の株主（基準日株主）を 6 月末に開催予定の定時株主総会に出席できる株主と定めれば、たとえ 3 月 31 日以後に株式譲渡が行われても、基準日株主が総会に出席して議決権を行使し、配当を受けることになる。上場会社では、定款の定めにより定時株主総会に関して基準日を採用していることが多い。

決済機関が最終的に情報集約する形で、振替口座が作られる。法律的には、この振替口座簿の記録によって株式の帰属先が決定されることになる。ジュンイチが証券会社を通じて A 社株式 100 株を購入する場合、ジュンイチの振替口座に「A 社株式 100 株」という記録がされると、ジュンイチは A 社株式 100 株の株主になるわけである。

　ジュンイチは、証券会社から、自己の振替口座の記録事項について証明書を発行してもらうこともできる（情報提供請求）。

② 上場株式を売却するには

　株式を売却したい場合は、証券会社を通じて売り注文を出す。ジュンイチが A 社株式 100 株について売り注文を出す一方、ガイアが A 社株式 100 株の買い注文を出していた場合、ジュンイチの振替口座では A 社株式 100 株を減少する記録がなされ、ガイアの振替口座では A 社株式 100 株を増加する記録がされる。ジュンイチとガイアとが相対して株式譲渡をしているわけではないが、最終的な決済時には、ジュンイチがガイアに株券を交付したときと同じように株式が移転する。

図表 10-5　上場株式の権利行使

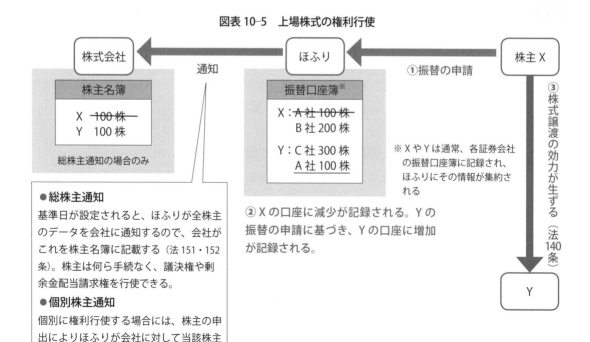

法：社債、株式等の振替に関する法律

上場株式について権利行使するには

　上場株式は日々大量に売買されるので、会社が株主を確定することは容易ではない。そのため、上場株式に係る権利行使の仕組みはやや複雑である。

　まず、株主総会決議を前提とする権利（議決権や剰余金配当請求権など）については、全株主が一斉に権利行使するため、株主名簿の記載を基準として株主が確定される（➡ 103 頁コラム）。この場合、ほふりが全株主のデータを会社に送ってくれるので（総株主通知）、会社がこれを株主名簿に記載する。A 社株式 100 株を保有するガイアは、自ら名義書換の手続をすることなく、A 社の株主として株主総会に参加し、配当を受け取ることができる。

　それ以外の権利、例えば株主が株主提案権や代表訴訟提起権を行使するには、株主が自身で証券会社に申し出て、ほふりから会社に対して個別株主通知を送ってもらわなければならない。これらの権利は、全株主が一斉に行使するものではないから、自身で株主であることを会社に通知しなければならないのである。なお、個別株主通知によって株主名簿が書き換えられることはない（図表 10–5）。

株式を流通させる必要性に応じて、会社は株券の発行や株式振替制度の利用を選択できること、株主が会社に対して権利行使をするには、上場会社は別として、株主名簿の名義書換を会社に請求する必要があることを覚えておいてください。上場株式の譲渡は、証券会社を通じて、ほふりという証券決済機関で行われていることも知っておいてほしいと思います。

課 題

1. 基準日（➡ 103 頁コラム）は、株式市場では「権利確定日」ともよばれている。「権利確定日」に株主であれば配当をもらえることになるが、当日に株を購入しても配当はもらえない。会社が名義書換を行うための時間が必要になるからである。株主となって配当をもらうには、権利確定日の何日前までに株を買えばよいか（権利取り日）、調べてみよう。また、権利取り日の後に株価は下落するが（権利落ち）、なぜだろう。日本証券業協会のホームページで調べてみよう。
   日本証券業協会　http://www.jsda.or.jp/manabu/stock/level3/stock3_18.html

2. 上場会社では、個別株主通知を送るのに何日くらいかかるのだろうか。また、個別株主通知に基づく権利行使には期限があるが、どのくらいなのだろうか。ほふりのホームページで調べてみよう。
   ほふり　http://www.jasdec.com/system/less/rule_data/data/investor.html

第11章

株主をやめさせられる？

キャッシュアウト

ジョージ

株式会社ではときどき株主同士が経営方針をめぐって争いになっているよね。親子や兄弟のあいだでブランドを取り合ったりして、見苦しいよね。僕たちもいつかそんなことにならないといいんだけど。

将来のことはなんとも言えないさ。でも、もし僕たち3人の意見がどうしようもなく食い違ってしまったら、誰か1人が株主として残り、他の2人はやめることになるのかな。ケンカはしたくないから、誰が残るかはジャンケンで決めることにしておこうよ。

ジュンイチ

ガイア

ジャンケンで決まれば簡単でいいけど、ふつうの会社ではそうはいかないわよね。対立相手より少しでも多くの株式を集めて実力行使をするために、ほかの株主たちを説得して株式を買い集めないといけないんでしょう？　お金がかかりそう。

会社法では、ある会社の多数の株式を有する株主が、少数の株式しか所有しない株主に現金を交付することにより、強制的にその株式を取得し、少数株主を会社から締め出すこと、いわゆるキャッシュアウトが可能となっています。本来でしたら、本人の承諾を得られなければ株主を会社から退出させることはできないはずなのですが、キャッシュアウトは少数株主の個別の承諾を得ることなく強制的にその株式を取得する行為であるため、少数株主の利益保護という観点も重要となります。今回は、キャッシュアウトの方法、問題点および少数株主の保護について説明していきます。

オモカネ先生

I キャッシュアウトとは

*1 公開買付け（TOB）
株券等の発行会社または第三者が、不特定かつ多数の人に対して、広告等により買付期間・買付数量・買付価格等を提示し、株券等の買付けの申込み、または売付けの申込みの勧誘を行い、市場外で株券等の買付けを行うことを**公開買付け（TOB）**という。
なお、対象会社の取締役会の賛同を得ないで、買付者が公開買付けを行う場合を**敵対的公開買付け（敵対的TOB）**という。

キャッシュアウトとは、ある会社の支配株主が、同社の少数株主の有する株式の全部を、その少数株主の個別の承諾を得ることなく、現金を対価として取得することを指す。すなわち、現金を対価とする少数株主の締め出しである。

日本におけるキャッシュアウトは、前段階として公開買付け[*1]を行う、いわゆる二段階買収と呼ばれるケースが一般的である（**図表11-1**）。その理由は必ずしも明らかではないが、前もって公開買付けを行う場合、議決権保有割合を高めることによって、キャッシュアウト実行の確実性が向上するという利点がある。

図表11-1　二段階買収

II キャッシュアウトのメリットと問題点

1 キャッシュアウトのメリット

キャッシュアウトには、一般に以下のようなメリットがあるとされる。

①株主間の対立による経営の停滞や支配権をめぐる紛争がなくなる
②株主から短期的な損益を問われることなく、長期的視点に立った柔軟かつ積極的な経営が可能になる
③会社の意思決定が迅速になる
④株主管理コストその他の事務コストの削減が可能になる

*2 MBO
会社の経営陣がその会社を買収する取引をMBO（Management Buyout）という。近年多いのは、上場会社の経営陣が投資会社（ファンド）から資金を得て買収会社を設立し、当該上場会社の株式全部を取得するというタイプのMBOである。上場会社のMBOにおいては、公開買付けにより総株主の議決権の3分の2以上を取得し、その直後にキャッシュアウトを行う二段階買収が通常である。

2 キャッシュアウトの問題点と対応策

キャッシュアウトは、対象会社の少数株主の有する株式の全部を個別の承諾を得ることなく、ある意味強制的に取得する行為であるため、少数株主の保護が重要な課題である。特にMBO[*2]の場合には、構造的利益相反の問題が存在すると指摘されている。

MBO においては、本来、企業価値の向上を通じて株主の利益を代表すべき取締役が、自ら株主から対象会社の株式を取得することとなり、必然的に取締役についての利益相反的構造が生じる。そして、取締役は対象会社に関する正確かつ豊富な情報を有していることから、株式の買付者側である取締役と売却者側である株主との間に、大きな情報の非対称性も存在することとなる。そのため、取締役が不当に低い買収対価を設定するのではないかとの懸念が生じやすい。実際に、業績見通しの下方修正を発表した直後に、下落した株価を基準に買収対価を定めるなど、株価操作の疑いを払拭しきれない事例も多く見受けられる。

そこで経済産業省は 2007 年に MBO 指針[*3] を公表し、公正な手続を担保するための実務上の対応の例を挙げている[*4]。また、近時の MBO 事例においては、社外監査役、社外取締役や弁護士・会計士等の社外有識者で構成される第三者委員会を設置する実務が定着しつつある。

＊3 正式名称は「企業価値の向上及び公正な手続確保のための経営者による企業買収（MBO）に関する指針」。

＊4 MBO 指針では、特別な事情がない限り、最低限の利益相反回避措置として、①特別の利害関係を有しない取締役および監査役全員の承認、②弁護士等による独立したアドバイスの取得、③独立した第三者評価機関からの株価算定書の取得、が行われるのが通常であると指摘されている。

Ⅲ　キャッシュアウトの方法と少数株主の保護

キャッシュアウトの主な手法としては、全部取得条項付種類株式の取得、株式併合、特別支配株主の株式等売渡請求、現金交付合併、現金交付株式交換を用いる方法がある。

1　全部取得条項付種類株式の取得によるキャッシュアウト

全部取得条項付種類株式とは、会社が株主総会の特別決議によってその全部を取得できる種類株式[*5] である（108 条 1 項 7 号）。発行済の普通株式を全部取得条項付種類株式に変更して、そのすべてを取得することで、多数決による強制取得が実現する。全部取得条項付種類株式を用いたキャッシュアウトは、次のような手順で行う。

まず、1 回の株主総会で、以下の議案①〜⑤をこの順序で特別決議により可決し、その直後に、決議②については同日の普通株主による種類株主総会での特別決議（決議⑥：111 条 2 項 1 号・324 条 2 項 1 号）も行う。そして、決議②⑤の内容として、各少数株主に交付される新普通株式がすべて 1 株未満の端数となるように設定し、その端数の合計を処理した金銭を、持株数に応じて少数株主に交付することで、キャッシュアウトを実現する（234 条）。

具体的な手順について、事例をもとに説明しよう。普通株式しか発行していない株式会社において、発行済株式総数 1000 株のうち、ジュンイチが 900 株を保有し、ジョージが 60 株、ガイアが 40 株を保有している。

＊5　種類株式
株式の権利の内容が異なる複数の種類の株式を発行した場合、それぞれの株式のことを種類株式という。株主は、持株数に応じて同じ権利内容を持つのが原則であるが、会社法では例外として、一定の範囲と条件のもとで、権利の内容が異なる複数の種類の株式を発行することが認められている（108 条）。なお、普通株式は一般的な株式であるが、種類株式が発行されると、普通株式も権利の内容がその株式と異なるため、種類株式の 1 つとみなされることとなる。

　この状況で、上記の決議①〜⑥を行い、全部取得条項付種類株式を取得するに当たって、90 株ごとに新普通株式を 1 株交付する。その結果、ジョージとガイアは、それぞれ 1 株未満の端数しか有さない株主となってしまい、現金と引き換えにその会社の株式を失うことになる（**図表 11-2**）。

株主総会決議事項[*6]

①普通株式以外の種類株式（例えば、残余財産分配請求権のない種類株式）を設ける定款変更
②普通株式に全部取得条項を付す旨の定款変更
③新普通株式（全部取得条項が付されていない種類株式）を設ける定款変更
④当初の種類株式を廃止する定款変更
⑤会社が全部取得条項付種類株式を全部取得することと引換えに新普通株式を交付する

[*6] 各決議関係条文
①108 条 2 項・466 条・309 条 2 項 11 号
②108 条 1 項 7 号 2 項 7 号・466 条・309 条 2 項 11 号
③108 条 1 項 7 号 2 項柱書 7 号・466 条・309 条 2 項 11 号
④466 条・309 条 2 項 11 号
⑤171 条 1 項・309 条 2 項 3 号

　上記決議⑤について、取得対価に不満のある反対株主は、取得日の 20 日前の日から取得日の前日までの間に、裁判所に対し、取得価格の決定の申立てをすることができる（172 条 1 項）。

　少数株主が取得対価に不満があるときには、取得価格決定の申立てだけでなく、定款変更にかかる株式買取請求権を行使することも考えられる。

　この場合、上記決議②につき、反対株主は、定款変更の効力発生日の 20 日前の日から効力発生日の前日までの間に、その有する株式を公正な価格で買い取るよう会社に対して請求できる（116 条 1 項 2 号）。

　買取価格について、定款変更の効力発生日から 30 日以内に株主と会社の協議が調わないときは、株主は、その期間の満了の日から 30 日以内に、裁判所に対し、価格決定の申立てをすることができる（117 条 2 項）。

　また、全部取得の取得日前であれば、全部取得条項付種類株式の取得が法

図表 11-2　全部取得条項付種類株式を用いたキャッシュアウト

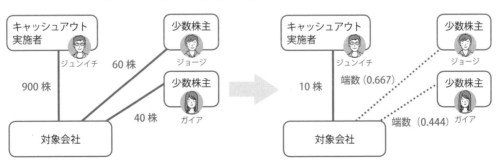

※普通株式に全部取得条項を付与し、株式 90 株の
　全部取得の対価として新普通株式 1 株を交付

※端数合計（0.667＋0.444）の整数部分（1 株）は
　現金化してジョージとガイアに交付

令または定款に違反する場合には、不利益を受けるおそれがある株主は、会
社に対して全部取得の差止めを請求することができる（171条の3）。全部取
得の取得日後であれば、キャッシュアウトの効力を争う手段として、株主
は、特別利害関係を有する者（公開買付者等）が議決権を行使することによっ
て著しく不当な決議がなされたと主張し、株主総会決議の取消の訴えを提
起することが考えられる[*7]（831条1項3号）。

② 株式併合によるキャッシュアウト

　株式併合とは、数個の株式を合わせてそれより少数の株式とすることで、
例えば10株を合わせて1株にする場合の併合割合は10分の1である。株式
併合実施には、株主総会の特別決議が必要である（180条2項・309条2項4号）。

　株式併合により1株に満たない端数が生じたときは、持株数に応じて、端
数の合計を処理した金銭を株主に交付することとされている（235条・234条）。

　株式併合を用いたキャッシュアウトについて、さきほどと同じ事例で説
明しよう。会社の発行済株式の総数は1000株であり、ジュンイチがそのう
ち900株を保有、ほかはジョージが60株、ガイアが40株を保有している。
この状況で、100株をまとめて1株に併合する、すなわち、100分の1の割
合での株式の併合を行うとする。

　株式併合を行った後の発行済株式総数は10株となり、ジュンイチが9株、
ジョージが0.6株、ガイアが0.4株を保有することになる。ジョージとガイ
アは1株未満の端数しか有さない株主となってしまい、現金と引き換えに
この会社の株式を失うことになる（図表11-3）。

　株式併合により端数が生ずる場合には、反対株主は、会社に対し、自己の
有する株式を公正な価格で買い取るよう請求することができる（182条の4）。

図表11-3　株式併合を用いたキャッシュアウト

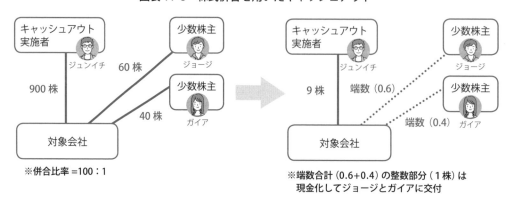

※併合比率＝100：1

※端数合計（0.6+0.4）の整数部分（1株）は
現金化してジョージとガイアに交付

買取請求の要件や買取価格の決定の手続は、全部取得条項付種類株式の反対株主の株式買取請求の場合と同様である。また、株式併合が法令または定款に違反する場合には、株式併合の差止めを請求することができる（182条の3）。株式併合について株主総会決議がなされた場合には、特別利害関係を有する者（公開買付者等）が議決権を行使することによって著しく不当な決議がなされたと主張し、株主総会決議の取消の訴えを提起することが考えられる（831条1項3号）。

❸ 特別支配株主の株式等売渡請求によるキャッシュアウト

2014年（平成26）会社法改正においては、キャッシュアウト専用の制度として、特別支配株主の株式等売渡請求制度[8]が新設された。特別支配株主の株式等売渡請求とは、対象会社の特別支配株主（対象会社の総株主の議決権の10分の9以上を保有する株主）が、他の株主全員に対し、株式をすべて特別支配株主に売り渡すことを請求できるという制度である（179条）。この制度は、特別支配株主が株主総会決議を経ることなく、株式全部を買い取ることを可能にするものである。

株式等売渡請求を用いたキャッシュアウトは、次のような手順で行う（**図表11-4**）。まず、特別支配株主は、株式売渡請求を行う旨、売渡株主に対して株式の対価として交付する金銭の額、その割当てに関する事項、および特別支配株主が売渡株式等を取得する日などを対象会社に対して通知し、対象会社の承認を受けなければならない[9]（179条の3）。

次に、対象会社は、上記の承認をしたときは、取得日の20日前までに、承認をした旨、および特別支配株主の氏名または名称等を、売渡株主に対して通知または公告をする（179条の4）。そして、取得日が到来すると、特別支配株主は売渡株式の全部を取得し（179条の9）、特別支配株主は、取得日に、売渡株主に対して、対価である金銭を交付することになる。

特別支配株主および対象会社間で決定された対価に不満がある売渡株主らは、取得日の20日前の日から取得日の前日までの間に、裁判所に対し、その有する売渡株式等の売買価格の決定の申立てをすることができる（179条の8）。

株式売渡請求が法令に違反する場合、対象会社による通知（公告）義務違反もしくは事前開示義務違反がある場合、あるいは特別支配株主が

*8 「株式等」には株式会社の新株予約権が含まれる（179条2項・3項）。

*9 なお、対象会社が取締役会設置会社である場合には、承認をするか否かを決定するのは取締役会であり、取締役会非設置会社では、取締役の過半数をもって承認をするか否かを決定することになる。

図表11-4 株式等売渡請求を用いたキャッシュアウト

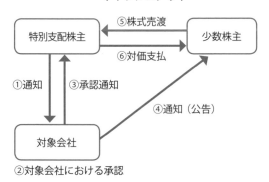

111

定めた売渡対価が対象会社の財産状況その他の事情に照らして著しく不当である場合には、それにより不利益を受けるおそれがある売渡株主は、特別支配株主に対して、売渡株式等の全部の取得をやめるよう請求することができる（179条の7第1項）。全部取得条項付種類株式の全部取得や株式併合の差止めと異なり、対価の著しい不当性も明示的な差止事由とされている。

売渡株主は、取得日から6か月以内であれば、株式等売渡請求による売渡株式等の全部について取得無効の訴えを提起することができる（846条の2）。

4 現金交付合併によるキャッシュアウト

合併とは、複数の会社が合一して1つの会社になることである（➡第14章Ⅱ）。合併には吸収合併と新設合併[10]がある。吸収合併とは、当事会社のうち1社（存続会社）が合併後も存続し、合併より消滅する他の当事会社（消滅会社）から権利義務の全部を承継するものをいう（2条27号）。

会社が合併をするには、当事会社間で合併契約を締結し（748条・749条・753条）、原則として各当事会社の株主総会の特別決議による承認を受ける必要がある[11]（783条1項・795条1項・804条1項・309条2項12号）。

吸収合併では、消滅会社の株主は、存続会社から、合併対価として金銭等を受け取る（749条1項2号・751条1項2号3号）。現金を対価とする吸収合併を一般に、現金交付合併と呼ぶ。現金交付合併によるキャッシュアウトは、対象会社を消滅会社、キャッシュアウト実施者を存続会社とした合併を行い、合併対価を現金とする手法である（図表11-5）。

5 現金交付株式交換によるキャッシュアウト

株式交換とは、ある株式会社（株式交換完全子会社）がその発行済株式の全部を他の会社（株式交換完全親会社）に取得させることである（2条31号）。

会社が株式交換をするには、当事会社間で株式交換契約を締結し（767条・768条）、原則として各当事会社の株主総会の特別決議による承認を受ける必要がある[12]（783条1項・795条1項・309条2項12号）。

株式交換によって、株式交換完全子会社の株主が有する当該会社の株式は株式交換完全親会社に移転し（769条1項・771条1項）、株式交換完全子会社の株主は対価として金銭等を受け取る（769条3項・771条3項4項）。現金を対価とする株式交換を、一般に、現金交付株式交換と呼

[10] すべての当事会社が合併により消滅し、その権利義務の全部は、合併により新たに設立する会社（新設会社）が承継するものを新設合併という（2条28号）。

[11] 吸収合併において、存続会社が消滅会社の特別支配会社（他社の総株主の議決権の10分の9以上を保有する会社）である場合には、消滅会社の株主総会決議は原則として不要となる（784条1項）。これを略式合併と呼ぶ。

[12] 株式交換完全親会社が株式交換完全子会社の特別支配会社である場合には、株式交換完全子会社の株主総会決議は原則として不要となる（784条1項）。これを略式株式交換と呼ぶ。

図表11-5　現金交付合併を用いたキャッシュアウト

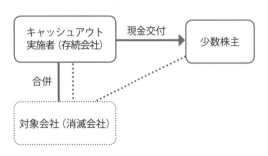

ぶ。現金交付株式交換によるキャッシュアウトは、対象会社を株式交換完全子会社、キャッシュアウト実施者を株式交換完全親会社とした株式交換を行い、株式交換の対価を現金とする手法である（**図表 11-6**）。

図表 11-6　現金交付株式交換を用いたキャッシュアウト

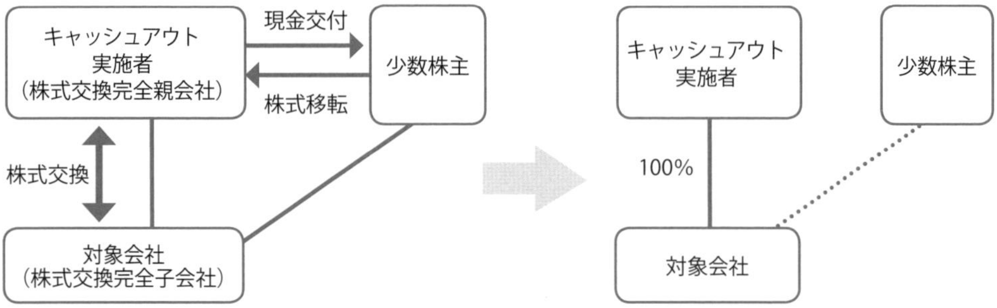

吸収合併・株式交換をする場合には、消滅会社・株式交換完全子会社において、反対株主は会社に対し、自己の有する株式を公正な価格で買い取ることを請求することができる（785 条）。買取価格について、効力発生日から 30 日以内に株主と会社の協議が調わないときは、株主は、その期間の満了の日から 30 日以内に、裁判所に対し、価格決定の申立てをすることができる（786 条）。

吸収合併・株式交換が法令または定款に違反する場合には、当該吸収合併・株式交換の差止めを請求することができる（784 条の 2 第 1 号）[13]。

現金交付合併・現金交付株式交換をした場合、キャッシュアウトされた株主は、効力発生日から 6 か月以内に、合併・株式交換の無効を訴えることができる（828 条 1 項 7 号 11 号・828 条 2 項 7 号 11 号）。無効の原因については明文の規定がなく、解釈に委ねられている。一般論としては、合併・株式交換手続の瑕疵のうち重大なものに限って無効原因になると解される[14]。

*13 なお、略式合併・略式株式交換の場合は、法令・定款違反の場合に加え、合併・株式交換の対価が著しく不当な場合も、株主の差止請求が認められる（784 条の 2 第 2 号）。

*14 合併・株式交換承認総会決議の瑕疵は、株主総会決議取消の訴えの対象となるが、合併・株式交換の効力発生後には、決議取消の訴えは提起できない。決議取消の訴えを提起した後に合併・株式交換の効力が生じたときは、係属中の決議取消の訴えは、合併・株式交換無効の訴えに移行される。

考えてみよう

キャッシュアウトの各手法を比較し、自分が実施者ならばどの方法をとるか、自分が少数株主ならば不満がある場合にどの法的手段をとるか、それぞれの理由は何かを考えてみよう。

前述のように、キャッシュアウトにおいて公正な対価を確保する手段としては、株式買取請求・価格決定の申立てと取得（売買）価格決定の申立ての2つが考えられる。そこで問題となるのは、裁判所が決定すべき「公正な価格」の意義および算定方法である。

1 「公正な価格」の意義

株式買取請求権の行使における公正な価格の意義について、学説の通説は、①まずは独立当事者間の交渉が行われているか否かを検討し、独立当事者間の交渉が行われている場合には当事者間の交渉結果を尊重する、②合併・株式交換が親子会社間など支配・従属関係にある会社間で行われる場合など独立当事者間で取引が行われたとはいえない場合には、裁判所は、合併・株式交換の対価の内容・額などの条件の形成過程の公正さを審査する、③合併・株式交換条件の形成過程が公正である場合には、独立当事者間取引の場合に準じて当事者間の交渉の結果を尊重するが、条件の形成過程が不公正と評価される場合には、裁判所が独自に公正な価格を算定すると解している（**図表11-7**）。

図表11-7　株式買取請求権の行使に係る公正な価格の意義

公正な価格の意義については、取得（売買）価格決定の申立ては、反対株主の株式買取請求と同じように考えるべきである（**図表11-8**）。

図表11-8　取得価格決定の申立てに係る公正な価格の意義

*15 引用部分はレックスHD
株式取得価格決定申立事件
最高裁決定（2009 年）の裁判
官の補足意見による。

*16 具体的にどの時期の株
価を算定の基礎とするかに
ついては、公開買付け公表前
の 1 か月の株価の終値の平均
とする、公表前の 6 か月の平
均とする、公表の 1 年前の株
価水準に依拠するなどがあ
る。

*17 DCF 法（収益還元法）
ある資産やプロジェクトの
金銭的価値を、それらが将来
生み出すキャッシュフロー
の現在価値として求める方
法のこと。例えば、今 1000
万円を持っていると、利率
1％ の場合、10 年後には
1104.6 万円になる。逆にいう
と、将来の 1104.6 万円は、今
の価値にしたら 1000 万円と
いうことである。

実際には、MBO に関する取得価格決定申立ての裁判例においては、上記の通説と整合的である判断が行われていると指摘されている。

❷ 「公正な価格」の算定方法

現在、裁判所が独自に「公正な価格」を算定する必要がある場合には、「MBO が行われなかったならば株主が享受し得る価値」に、「MBO の実施によって増大が期待される価値のうち株主が享受してしかるべき部分」[15]を、合算して算定すべきとの判断枠組みが定着しており、学説・実務家の大勢はこれを支持しているものと思われる。

株式の客観的価値について、裁判所は、異常な価格形成がされた場合など、市場株価が企業の客観的価値を反映していないと認められる特別な事情がない限り、市場株価を基礎として算定する[16]。

プレミアムの算定方法について、これまでの裁判例においては、類似のMBO 事案における平均的プレミアムの比率を参考にするケース（20％とすることが多い）や、第三者評価機関の算定書で示された DCF 法[17] による評価結果をもとに算定するケースがある。

キャッシュアウトは、強制的に少数株主を対象会社から退出させるという側面を有する一方、経営政策上合理性が認められる場合も多いです。そこで、会社法は、対象会社の株主の利益を保護するための制度を整備した上で、キャッシュアウトを許容しています。キャッシュアウトにおいては、少数株主にとって、公正な価格を交付されるかが最大な関心事になります。価格の公正さが争われる際に、法は価格決定の基準について格別規定しておらず、裁判所の裁量に委ねています。当事者に対する予測可能性の観点からみれば、裁判所がいかなる基準に基づいて判断を行うのか、その判断枠組みの内容を明確化していくことが重要になるでしょう。

課 題

MBO における利益相反の問題については、経済産業省が 2007 年に「企業価値の向上及び公正な手続確保のための経営者による企業買収（MBO）に関する指針」を公表し、公正な手続を担保するための実務上の対応措置を挙げている。どのような措置か、ホームページで見てみよう。

経済産業省　http://www.meti.go.jp

第12章 儲けはどうやって計算する？
貸借対照表と損益計算書

もし、ジョージ、ジュンイチ、ガイアの3人が実際に事業を始めたとしたら、
3年後にはこんな会話が交わされているかもしれません。

僕たちが事業を開始して、もう3年になるのか。会社の預金もだいぶ増えたし、けっこう儲かっているよね。会社を始めるときに、みんなから投資を募ったから、そろそろ利益を分配しないといけないんじゃない？

ジョージ

でもさ、預金が増えたといっても、前金でもらっているお金も多いじゃないか。材料の仕入れや給料の支払いをすれば減ってしまうんだから、本当に会社が儲かっているのかどうかはよくわからないよ。

ジュンイチ

事業のことを考えると、ある程度の運転資金も必要だよね。でも、株主は配当を期待して投資してくれてるわけだから、3年も配当をしないのは問題じゃない？あまり儲かっていないのなら、株主にも配当できない理由を説明しなくちゃ。でも、会社の儲けって、どうやって計算するの？

ガイア

皆さんは会社の儲けをどのように計算するのか知っていますか？　儲けを計算するというと会計の分野のように思えてしまいますが、会社法でもきちんと規定されています。
株主からすると、「これだけ儲かっているのだから、これだけ配当してもらえるだろう」と期待します。でも、配当をしすぎてしまうと、会社の事業が失敗したときに、債権者に対して弁済するお金がなくなってしまいます。つまり、会社法で規定されている「会社の計算等」は、情報開示と利害調整の2つを目的としているということがいえます。
本章では、会社の儲けをどのように計算し、株主に対する配当に対してどのような規制がされているのかについて解説を行います。

オモカネ先生

I なぜ会社の儲けを計算する必要があるのか

ジョージ、ジュンイチ、ガイアの 3 人が共同でアイスクリーム屋を始めるとする。詳しくは後述するが、損益計算書上、会社の利益（儲け）は、収益から費用を減算することにより計算する。

最初は個人向けに販売していたため、現金払いのお客さんが多かったが、安定的な売上げを確保するために、法人向けにも販売するようになった。そうなると、月末締め翌月払い[*1] のお客さんが増えたため、販売してから入金されるまで時間がかかるようになる。

会社の資金繰りが悪化してきたため、ジュンイチが前払いのお客さんに対しては値引きをするように提案した。その結果、アイスクリーム 1 個当たりの粗利益[*2] は減少したが、資金繰りは安定するようになった。

このように、アイスクリームを販売するタイミングと代金が入金されるタイミングは異なることから、収益の認識時期が問題になる。

さらに、アイスクリームが大量に売れるようになると、大きな機械を購入することにより効率的にアイスクリームを製造することを考えるようになる。例えば、100 万円で機械を購入したとしても、10 万個のアイスクリームを作るためのコストが 1 個当たり 15 円減少するのであれば、機械を購入するメリットはあるといえる。

この場合には、機械を購入したタイミングで 100 万円の支払いをする必要があるが、すぐに 10 万個ものアイスクリームを製造するのではなく、何年もかけて製造をしていくことになる。

このように、機械の代金を支払うタイミングとその機械を使うタイミングは異なることから、費用の認識時期が問題となる。

*1 例えば、3 月 1 日から 31 日までに販売したアイスクリームの代金を 4 月中に支払うやり方のことをいう。

*2 売上高から売上原価を控除した売上総利益のことをいう。アイスクリーム屋の場合には、アイスクリームの売上高からアイスクリームを製造するために要した原価（原材料費、労務費、加工費など）を控除した金額をいう。そのため、アイスクリームの販売のために要した費用は売上原価に含まれない。

考えてみよう

費用が収益を上回ってしまうと、利益がマイナスになる（いわゆる赤字の状態）。このような状態であっても会社は倒産しない。なぜなら、資金が回っていれば、事業の継続は可能だからである。これに対し、黒字倒産という言葉もある。たとえ儲かっていたとしても、資金が回らなくなれば、事業を継続することができないからである。

それでは、赤字でも資金が回る場合、黒字でも資金が回らない場合とはどのような場合であろうか。

❶ 作成が必要となる計算書類等

　株式会社は、計算書類（貸借対照表、損益計算書、株主資本等変動計算書*³、個別注記表）と事業報告に加えて、これらの附属明細書を作成しなければならない*⁴（435 条 2 項、会社計算規則 59 条 1 項）。

　このうち、会社の状態を知るうえで、最も重要になる書類は貸借対照表と損益計算書である。貸借対照表は、会社の資産と負債の状況を記載した計算書であり、損益計算書は、会社の収益と費用の状況を記載した計算書だからである。

❷ 貸借対照表

　貸借対照表*⁵ のひな型は以下の通りである。

科　目	金　額	科　目	金　額
（資産の部）		（負債の部）	
流動資産		流動負債	
固定資産		固定負債	
有形固定資産		（純資産の部）	
無形固定資産		資本金	
投資その他の資産		資本準備金	
繰延資産		その他利益剰余金	
資産合計		負債・純資産合計	

　例えば、ジュンイチが心配しているように、預金がたくさんあるけれど前金でもらったお金も多いということは、流動資産で計上されている預金と流動負債で計上されている前受金を見ることにより把握することができる。

　そして、資産から負債を減算すると純資産の部を計算することができる。一般的に株主から投資をしてもらった元手は資本金もしくは資本準備金に計上され、過去の事業年度の儲けは「その他利益剰余金」に計上される。もし、負債の方が資産よりも大きい場合には、純資産の部がマイナスになる。このような状態を債務超過という。

　原則として、貸借対照表に計上されている資産は、購入した金額を基に計算されている。そのため、実際に売却することができる価額とは異なるという点に留意が必要である。

<aside>

*3 株主資本等変動計算書（社員資本等変動計算書）とは、貸借対照表の純資産の部に計上されている項目の増減を記載した計算書である。

*4 持分会社も計算書類を作成しなければならないが、合名会社と合資会社に対しては、損益計算書、社員資本等変動計算書、個別注記表を作成するものと定めた場合にのみ作成が義務付けられている（617 条 2 項、会社計算規則 71 条 1 項）。しかし、法人税確定申告書を作成するために損益計算書が必要になることから、合名会社や合資会社であっても、損益計算書を作成していることがほとんどであると思われる。

*5 貸借対照表は左右の合計額が一致する（バランスする）ことから B/S（balance sheet）と表記されることがある。

</aside>

3 損益計算書

損益計算書[6] のひな型は以下の通りである。

科　目	金　額
売上高	
売上原価	
売上総利益	
販売費及び一般管理費	
営業利益	
営業外収益	
営業外費用	
経常利益	
特別利益	
特別損失	
税引前当期純利益	
法人税、住民税及び事業税	
法人税等調整額	
当期純利益	

売上総利益
売上高から売上原価を引いた粗利益

営業利益
売上総利益から販売費及び一般管理費を引いた本業の儲け

経常利益
営業利益に営業外収益を加え営業外費用を引いた、毎期に経常的に生じる儲け

税引前当期純利益
経常利益に特別利益を加え特別損失を引いた、税金を控除する前の儲け

当期純利益
税引前当期純利益から税金を引いた儲け

損益計算書と貸借対照表は別々に作成されるのではなく、一体として作成されるという点に注目してほしい。

図表 12–1 と**図表 12–2** で、アイスクリームが売れる前と後の場合を比較して考えてみよう。アイスクリームが売れた場合には、資産項目である預金（100 ➡ 250）が 150 増加し、収益項目である売上高が 150 増加する。そして、資産項目である製品（300 ➡ 200）が 100 減少し、費用項目である売上原価が 100 増加する。その結果、法人税、住民税及び事業税を無視すると、当期純利益が 50 増加するため、その他利益剰余金も 50 増加する。

会社の利益がすべて株主に分配されるとは限らないんだね！

コラム	内部留保とは？

　新聞報道で「内部留保」という言葉を聞くことがある。内部留保とは、会社が儲けた利益のうち、株主へ分配されていないものをいう。

　しかし、内部留保があったとしても、翌事業年度以降のビジネスのために、設備投資を行っていることがある。後述のように、設備投資を行った事業年度ではなく、投資した機械を使用した事業年度また

は製品が販売された事業年度の費用になる。その結果、設備投資をしたとしても、そのタイミングでは剰余金は減少しない。

　このように、内部留保があったとしても、すぐに株主へ分配できるわけではない。会社法上、分配可能額があるということと、資本政策上、株主に剰余金を分配すべきかどうかは、必ずしも一致しない。

図表 12-1 貸借対照表（アイスクリームが売れる前）

科　目	金　額（万円）	科　目	金　額（万円）
預金	100	資本金	200
製品	300	資本準備金	200
		その他利益剰余金	0
資産合計	400	負債・純資産合計	400

図表 12-2 損益計算書（アイスクリームが売れた後）

科　目	金　額（万円）
売上高	150
売上原価	100
売上総利益	50
当期純利益	50

実際はここで法人税が引かれる

売れた分
預金がプラス
（100＋150）

貸借対照表（アイスクリームが売れた後）

科　目	金　額（万円）	科　目	金　額（万円）
預金	250	資本金	200
製品	200	資本準備金	200
		その他利益剰余金	50
資産合計	450	負債・純資産合計	450

売れた分
製品がマイナス
（300－100）

このように作成された貸借対照表や損益計算書は、株主からすると、「これだけ儲かったのだから、これくらいは配当してもらいたい」という意思決定に役に立ちます。そして、債権者からすると、「このままだと、近いうちに資金ショートしてしまうな。うちの債権を保全するために、担保を増やしてもらわないと」という意思決定に役に立ちます。また、新たにお金を貸す債権者としても、「これだけ利益が出ているなら、お金を貸しても返してくれるだろう」という意思決定にも役に立ちます。

貸借対照表、損益計算書というと、経理担当者以外には関係ない話のように思えるかもしれませんが、いろいろな人たちがその意思決定に利用しています。そのため、将来どのような職業に就いたとしても、基本的な仕組みは理解しておきましょう。

Ⅲ　収益はいつ計上するのか

　わが国の会計基準では、収益の認識基準として、実現主義の原則が採用されている（企業会計原則第 2 の 1A）。実現主義の原則とは、アイスクリームの代金をもらったタイミングではなく、アイスクリームが売れたタイミングで売上高を計上する考え方をいう。

　前述のように、ジョージらが 3 人で作った会社では、法人向け販売を開始した結果、月末締め翌月払いのお客さんがいる。そのため、事業年度末にアイスクリームが売れた場合には、損益計算書に売上高が計上され、貸借対照表の売掛金が増加する[7]（図表 12-3）。

*7　図表 12-3 は、Ⅱ3 に掲げた「貸借対照表（アイスクリームが売れる前）」の状態から月末締め翌月払いのお客さんに対してアイスクリームが売れた場合を想定して作成している。

図表 12-3　損益計算書（アイスクリームが売れた後）

科　目	金　額（万円）
売上高	150
売上原価	100
売上総利益	50
当期純利益	50

貸借対照表（アイスクリームが売れた後）

科　目	金　額（万円）	科　目	金　額（万円）
預金	100	資本金	200
売掛金	150	資本準備金	200
製品	200	その他利益剰余金	50
資産合計	450	負債・純資産合計	450

　この場合には、損益計算書の収益が増加していることから、当期純利益も同様に増加する。その結果、貸借対照表のその他利益剰余金も増加することから、後述する株主への分配可能額は増加する。

　これに対し、ジョージらが 3 人で作った会社では、資金繰りを安定させるために、前払いのお客さんに対しては値引きをしている。そのため、事業年度末に入金されたものの、アイスクリームを販売するのが翌事業年度である場合には、収益は実現していないことから、売上高は計上されない（図表 12-4）。

図表 12-4　貸借対照表（翌事業年度にアイスクリームを販売する場合）

科　目	金　額（万円）	科　目	金　額（万円）
預金	250	前受金	150
製品	300	資本金	200
		資本準備金	200
資産合計	550	負債・純資産合計	550

Ⅳ　費用はいつ計上するのか

わが国の会計基準では、費用の認識基準として、**発生主義の原則**と**費用収益対応の原則**を採用している（企業会計原則第２の１A・C）。

すなわち、アイスクリームの材料を購入したタイミングでは、まだ、費用は発生していない。加工をして、アイスクリームとして販売できるようになったタイミングになると、費用が発生していると考えられるかもしれないが、少なくとも、収益には対応していない。そのため、このタイミングでは、流動資産（製品）として貸借対照表に計上される。その後、アイスクリームを販売したタイミングで売上高が計上されることから、その時点でアイスクリームの売上原価として費用に計上されることになる。

アイスクリームを製造する機械についても同様のことがいえる。機械を購入したタイミングでは費用として認識されず、有形固定資産（機械装置）として貸借対照表に計上される。機械を使用してアイスクリームを製造したタイミングでは、費用が発生していると考えられるかもしれないが、少なくとも、収益には対応していない。その後、アイスクリームを販売したタイミングで、売上高が計上されることから、そのタイミングでアイスクリームの売上原価として費用に計上されることになる[*8]。

＊8　もちろん、機械装置の取得価額のすべてが売上原価に計上されるのではなく、定額法、定率法などの計算により、販売したアイスクリームを作るために要した金額を合理的に計算したうえで、その部分の金額を売上原価として計上することになる。企業活動が複雑になってくると、個別の収益に対応できない費用も増えてくる。このようなものについては、費用が発生した事業年度で収益に対応しているものと考える。

Ⅴ　分配可能額の計算

剰余金の配当を無制限に認めてしまうと、債権者に対して債務を弁済することができなくなってしまうため、会社法上、分配可能額の計算が定められている。具体的には、臨時計算書類を作成した場合を除き、株式会社における分配可能額は、剰余金の額から以下に掲げる額の合計額を減じることにより算定される[*9]（461条１項８号・２項、会社計算規則158条）。

①自己株式の帳簿価額[*10]

＊9　持分会社における有限責任社員に対する分配可能額は利益剰余金の範囲内とされている（628条、会社計算規則163条）。

②最終事業年度の末日後に自己株式を処分した場合における当該自己株式の対価の額*11

③上記のほか、法務省令で定める各勘定科目に計上した額*12 の合計

このように、剰余金の額から分配可能額を計算するという点に特徴がある。後述Ⅵ3のように、資本金や法定準備金を減少させ、「その他資本剰余金」を増加させる場合を除き、剰余金のほとんどは「その他利益剰余金」であることから、分配可能額のほとんどは会社が獲得した儲けであるといえる。

さらに、株式会社が剰余金の配当をする場合には、資本金の 4 分の 1 に達するまで、剰余金の配当の対象となった金額の 10 分の 1 を**その他資本剰余金**または**その他利益剰余金**から**資本準備金**または**利益準備金**に付け替える必要がある（445 条 4 項、会社計算規則 22 条、**図表 12–5**）。

*10 自己株式の取得とは、株式会社が自ら発行した株式を買い戻すこと。現在の会計基準では、自己株式を純資産の部のマイナスとして表示することとされている。そのため、分配可能額の計算において、剰余金から自己株式の帳簿価額を控除することにより、自己株式の取得により特定の株主に払い戻した部分の金額を除外する必要がある。

*11 自己株式の処分とは、株式会社が保有している自己株式を譲渡することをいう。自己株式の処分により純資産の部が増加するが、自己株式の対価の額を分配可能額から除外することにより、決算を経るまでは、分配可能額が増加しないように規定されている。

*12 のれん等調整額、その他有価証券の評価差損額、土地再評価差額金の差損額、連結配当規制を採用した場合の連単剰余金差損額、300 万円不足額等をいう（会社計算規則 158 条）。

図表 12–5　貸借対照表（剰余金の配当をする前）

科　目	金　額（万円）	科　目	金　額（万円）
預金	1,000	資本金	100
		利益準備金	0
		その他利益剰余金	900
資産合計	1,000	負債・純資産合計	1,000

貸借対照表（株主に対して 100 の剰余金の配当をした場合）

科　目	金　額（万円）	科　目	金　額（万円）
預金	900	資本金	100
		利益準備金	10
		その他利益剰余金	790
資産合計	900	負債・純資産合計	900

株主に配当した分、預金が減った

配当（100）の 10 分の 1 を利益準備金に付け替える

株主に配当した分、利益剰余金が減った

Ⅵ　資本金の額、準備金の額の計算

1　会社法と企業会計の違い

会社計算規則 76 条では、**株式会社の株主資本**として、**資本金**、**資本剰余金**（資本準備金とその他資本剰余金）、**利益剰余金**（利益準備金とその他利益剰余金）が定められている*13。

会社法では、債権者保護の観点から、**資本金**、**法定準備金**、**剰余金**という区別が重要である。これは、資本金、法定準備金を減少させる場合には、債

*13 同条では、持分会社の社員資本として、資本金、資本剰余金、利益剰余金が定められている。持分会社の社員資本では、株式会社の株主資本と異なり、資本準備金及び利益準備金という概念がない。

権者異議手続が必要になることからも明らかである（449条）。これに対し、企業会計では、企業会計原則第1の3において、「資本取引と損益取引とを明瞭に区別し、特に資本剰余金と利益剰余金とを混同してはならない」としていることから、元手である資本と儲けである利益の区別が重要である。この両方の目的を達成するために、**図表12-6**のような区別がなされている。

図表12-6　会社法と会計の融合

		企 業 会 計	
		資 本	利 益
会社法	資本金	資本金	
	法定準備金	資本準備金	利益準備金
	剰余金	その他資本剰余金	その他利益剰余金

欠損填補

　事業を行っていると、収益よりも費用が大きい状態になることがある。例えば、Ⅱ3に掲げた「貸借対照表（アイスクリームが売れる前）」の状態から、アイスクリームがまったく売れずに大量に廃棄した場合を想定すると、以下の損益計算書と貸借対照表となる。

図表12-7　損益計算書（製品を廃棄した場合）

科　目	金　額（万円）
特別損失	300
税引前当期純利益	△ 300
当期純利益	△ 300

△はマイナスを表しているのね！

貸借対照表（製品を廃棄した場合）

科　目	金　額（万円）	科　目	金　額（万円）
預金	100	資本金	200
製品	0	資本準備金	200
		その他利益剰余金	△ 300
資産合計	100	負債・純資産合計	100

　このように、その他利益剰余金がマイナスになる状態を欠損という。欠損填補を行うためには、資本金、法定準備金を減少させて、剰余金を増加させる必要があるが、原則として、株主総会の特別決議と債権者異議手続＊14が必要になる（447条～449条）。ただし、欠損填補のために法定準備金を減少

させる場合には、債権者異議手続は不要とされている。

なお、資本金を 100 減少させ、資本準備金を 200 減少させることにより欠損填補を行うと、**図表 12-8** の貸借対照表になる。

図表 12-8　貸借対照表（欠損填補を行った場合）

科　目	金　額（万円）	科　目	金　額（万円）
預金	100	資本金	100
製品	0	資本準備金	0
		その他利益剰余金	0
資産合計	100	負債・純資産合計	100

❸ 資本の払戻し

事業が安定し、運転資本が余ってくると、資本金、法定準備金から株主に払戻しをすることがある。この場合には、資本金、法定準備金を減少させ、剰余金を増加させることにより、分配可能額を増やすことができる。しかし、資本金、法定準備金を減少させるためには、株主総会の特別決議と債権者異議手続が必要とされている（447 条〜449 条）。

この章では、会社の計算等について解説を行いました。株主は配当を期待して出資をしていることから、その原資となる儲けをどのように計算するのかは、きわめて重要です。さらに、債権者からしても、儲けの範囲を超えて、元手の部分まで配当されてしまっては、債権が回収できなくなってしまいます。そのため、株主と債権者の利害調整という観点からも分配可能額の計算が重要なのです。

課　題

1. 有価証券報告書には、上場企業の決算書が掲載されている。同業他社の決算書を比較すると、それぞれの企業の特徴がわかる。自分の興味のある業種を選び、上場企業の決算書を比較してみよう。

2. 上場企業でも倒産することがある。倒産した上場企業の有価証券報告書を見ると、遅くともその前年から倒産の兆候が現れている。例えば、営業利益が減少し続ける中で特別利益が増えている場合には、事業用不動産や有価証券を売却することにより資金繰りを図っている可能性がある。それ以外にはどのような兆候があるのか調べてみよう。

第13章 会社のことをもっと知るには？

情報開示制度

超低金利時代が長引いて、お金を銀行に預けておいても利子がほとんどつかないから、最近は国も投資を勧めているらしいね。会社もたくさん利益が出たら、そのお金を運用して他社の株式を買ったりするんだってさ。僕もやってみようかな。

ジョージ

株式はハイリスク・ハイリターンが原則だから、必ず儲かると思っていると危ないわよ。慎重に投資するためには信頼できる情報を手に入れることが大切らしいわ。でも、どこで調べればいいのかな？

ガイア

株主総会で配られる決算用の資料とか？　最近はホームページに投資家向けの情報を公開している会社も多いよね。ただ、数字だけ見ても将来性があるのかどうかはよくわからないんだよな。まずは証券会社に口座を開いて様子を見てみようかな。

ジュンイチ

会社法は、株主や債権者などの関係当事者のための情報開示制度を定めています。また、金融商品取引法は、上場会社などの会社に対して強制的な情報開示制度を定めています。これらの情報開示制度によって、会社は重要な情報を適時に、かつ定期的に開示しています。

オモカネ先生

Ⅰ　会社による情報開示

　　会社法や金融商品取引法は、会社についての情報を開示することを定めている。小規模な会社であれば、株主である経営者は、情報開示の制度がなくても会社のことを知ることができる。しかし、会社は、小規模であるとは限らない[*1]。また、会社には、株主だけでなく、会社が部品を購入する相手である仕入先など、さまざまな債権者が存在する。これらの債権者も会社に関する情報を必要としている。

　　さらに、トヨタ自動車のような大規模な上場会社は、現在自社の株式を所有している投資家（＝株主）だけでなく、これから株式を買おうと考えている投資家（＝潜在的な株主）に対して、情報を開示する必要がある。金融商品取引法は、このような潜在的な投資家に対しての情報開示の制度を定めている。

　　本章では、まず、会社法に基づく情報開示制度を概観し、その後、金融商品取引法に基づく情報開示制度を概観する。

*1　例えばトヨタ自動車のような大規模な会社では、数十万人もの株主が存在し、個々の株主は必ずしもトヨタ自動車に詳しいわけではない。

えてみよう

　株式会社は、会社法や金融商品取引法の規定によって、強制的に情報を開示することが求められている。次の 2 点について考えてみよう。
- 法制度による強制的な開示制度が存在しない場合にも、会社が自主的に情報を開示する場合として、どのような場合が考えられるだろうか。また、法制度による情報開示が強制されない場合に、会社が開示したくないと考える情報にはどのようなものがあるだろうか。
- 法制度によって情報開示が強制されない場合、情報を必要とする投資家は、どのようにして情報を得ることができるだろうか。情報開示が強制されない場合と、情報が強制的に開示される場合を比較すると、投資家にどのような利点があるだろうか。

Ⅱ　会社の関係当事者のための情報開示

1　会社が送付する情報

　　株式会社の所有者は、株主であるといわれる。株主は、株主総会において取締役を選任し、また、株主総会の議案に対してどのような投票をするのかを判断しなければならない。例えば、株主が取締役の選任について賛成するのか、反対するのかを決定するためには、取締役が会社をどのように経営したかというような、取締役の選任の適否を判断するための基礎となる情報が必要である。情報がなければ、株主は、株主総会でどのような投票をすべきか判断することができない。

そこで、会社法は、株主総会の招集手続の過程で会社による情報提供の制度を定めている（➡第4章）。取締役会設置会社では、株主総会の招集に際して、**計算書類、事業報告を提供しなければならない**（437条＊2）。事業報告が提供されることによって、株主は、現経営陣によって、株式会社がどのように経営されたかを知ることができる。また、計算書類が提供されることによって、株主は、会社が儲かったのか、損をしたのかを知ることができる。これらの情報は、株主が株主総会でどのような投票をするのかを決定する基礎となるものである。

また、会社法では、株主が1000人以上である会社は、書面による議決権行使を認めなければならないと定める（298条2項）。具体的には、**議決権行使書面**と呼ばれる書面を交付しなければならない＊3（301条1項）。株主が多数となる会社では、多数の株主が株主総会に出席することを必ずしも期待できない。そこで、株主総会に欠席する株主の意見も決議に反映させるために、書面による投票が認められているのである＊4。

例えば、株主が取締役を選任するか否かを決定する場合に、どのような情報が必要だろうか。取締役の氏名はもちろんだが、その取締役が会社の経営を行うための知識や経験があることを知りたいのではないだろうか。また、取締役と会社との間にどのような利害関係があるのかを知りたいのではないだろうか。会社法施行規則では、株主総会の議案ごとに、株主総会参考書類の記載事項が定められている＊5。

令和元年改正会社法では、上場会社など、振替株式＊6を発行する会社については、株主総会資料を電子的に提供すること（以下、電子提供）が義務付けられた（社債、株式等の振替に関する法律（以下、振替法）159条の2）。

電子提供措置とは、株主総会資料をインターネット上のウェブサイト等にアップロードし、株主が閲覧できる状態にすることである（325条の2）。

電子提供措置をとる株式会社は、①狭義の招集通知記載事項＊7、②議決権行使書面に記載すべき事項、③株主総会参考資料の内容（電子投票を採用する場合）、④（連結）計算書類及び事業報告の内容などを記載しなければならない（325条の3第1項）。

❷ 会社を訪ねて閲覧する情報

株主が会社のことを知りたい場合、株主が会社を直接訪ねて情報を手に入れるという方法もある。会社の本店や支店に情報が備え置かれていれば、株主は会社を訪ねて資料を閲覧・謄写（以下、閲覧等）することができる。

閲覧等の対象となる書類には、①定款（31条）、②株主総会の議事録（318

条）、③取締役会等の議事録（371条・394条・399条の11・413条）、④計算書類[8]、事業報告書、計算書類及び事業報告の附属明細書、監査役・監査委員会の監査報告（➡第8章）並びに会計監査人の会計監査報告（442条1項）、⑤会計帳簿（432条・433条）等がある[9]。

これらの資料の閲覧等については、いくつか留意点がある。

第1に、これらの資料は、株主だけでなく、債権者（①②③④）や株式会社の親会社社員（①②③④⑤）が閲覧等をすることができる場合が定められている。親会社社員による閲覧等は、権利行使に必要があるときに限定され、かつ、裁判所の許可を得る必要がある。これらの情報を債権者や親会社の株主らが閲覧等することが有益であると考えられるからである。

第2に、取締役会議事録の閲覧等は、株主であっても、権利行使に必要なときに限定され（371条2項など）、かつ、監査役等を設置している場合には裁判所の許可が必要である。また、債権者による取締役会議事録の閲覧等は、役員等の責任を追及する必要があるとき（371条4項など）に限定され、かつ、裁判所の許可が必要である。取締役会では、取締役らが経営に関わる重要事項について議論されるため、取締役会議事録は、経営に関する重要事項が記載されている可能性が高い。無制限に開示を許容するのではなく、開示を制限し、これを保護するためである。

第3に、会計帳簿の閲覧等は、議決権または自己株式を除く発行済株式の3％（定款で引き下げ可）以上の株式を有する株主に限定されている（433条1項）。株主は、請求に際してその理由を開示しなければならず（433条1項）、また、会社が閲覧等を拒絶することができる事由が定められている[10]（433条2項）。帳簿閲覧権が行使されると、会社の営業秘密の漏洩の危険があるため、権利の行使を株主等が必要な限度に制限する趣旨である。

3 その他の情報開示制度

会社法ではこの他、公告や商業登記における情報開示制度を設けている。

公告は、ある事項を広く一般に知らせるために行われる。例えば、会社法は、株式会社に対して、定時総会の終結後、貸借対照表（大会社ではこれに加えて損益計算書➡第12章）を公告しなければならない（440条）と定めている。これによって、会社の財務状況を広く知らせることができる[11]。

公告の方法には、①官報[12]に掲載する、②日本経済新聞のような日刊新聞紙に記載する、③電子公告の3通りがあり、会社が定款で選択する（939条1項）。電子公告は、インターネット上のホームページに掲示する方法をいう（2条34号、会社法施行規則223条）。

[8] 貸借対照表、損益計算書、株主資本等変動計算書及び個別注記表（435条2項、会社計算規則59条1項）（➡第12章）。

[9] 「謄本又は抄本の交付の請求」（①④）と「謄写の請求」（②③⑤）①④では、閲覧に加えて「謄本又は抄本の交付の請求」が認められている。謄本とは、対象となる文書の内容をそのまま全部写した書面をいい、抄本は、一部を抜き写したものをいう。謄本又は抄本の交付の請求では、これらの写しを渡してもらうことを請求することができる。他方、②③⑤では、「謄写の請求」が認められている。これは、対象となる書面を閲覧して、写し取る（書き写す）ことを請求することができる。

[10] 拒絶事由としては、①権利の確保・行使に関する調査以外の目的があるとき、②株主の共同の利益を害する目的があるときという一般的事由に加えて、③請求者が会社の業務と実質的に競争関係にある事業を営んでいるか、これに従事していること等が挙げられている（433条2項各号）。

[11] 会社法が公告を定めている場面は、他にも数多く定められている（124条3項・181条2項・201条4項・426条3項など）。

[12] 官報
国立印刷局が刊行する国の機関紙。

*13 登記
財産や権利義務に関する情報を登記所の登記簿に記載し、公開することで、取引の安全や関係者の権利保全を図る制度。

また、会社は、商業登記簿という国が管理するデータベースに、一定の情報（911条3項）（**図表13-1**）を登記*13（登録）することを求められる（907条）。国がこのような情報を収集し、管理することで、会社と取引をしようとする者は、取引先の会社が存在しているのか、どのような会社かといった情報を得ることができる。

図表 13-1　主な登記事項

①目的
②商号
③所在地
④資本金の額
⑤発行可能株式総数
⑥発行する株式の内容
⑦取締役の氏名
⑧代表取締役の氏名住所
⑨各会社が選択した機関設計

Ⅲ　投資家のための情報開示

　投資家間での取引のための情報開示

会社法上の情報開示制度により、会社は、株主や債権者などの利害関係者に対して、一定の情報を開示している。会社法上の情報開示は、主に、利害関係者の権利行使を促進し、また、会社に対して規律を与えるためということができる*14。

*14 例えば、株主総会の前に情報が開示されることにより、株主はその情報を株主総会での議決権行使の参考にすることができる。これによって、株主総会において選任される取締役に対して規律を与える。会社の経営に失敗して損失が生じる場合、取締役は損失が生じたことを株主に対して開示しなければならなくなるからである。

問題となるのは、現在、株主ではないけれども、株式を購入しようと思っている投資家（＝潜在的な株主）への情報開示である。例えば、ある投資家が、A社の株式への投資を考えているとする。株主になれば、この投資家は会社法上の情報開示制度を用いることができる。しかし、A社への投資をするか否かを判断する（投資判断）ためには事前に情報が必要である*15。

また、潜在的な投資家に対する情報開示は、現在の株主に対しても有用である。ある投資家がA社の株式を保有している場合、今後、会社の業績が悪化し、株価が下落すると見込むのであれば、株式を売却すれば損失を回避することができる。これも投資判断の一種である。

*15 投資家は、投資をした株式の価格の上昇や、株式からの配当という経済的利益のために投資を行う。投資をした後に、株価が下落する場合、投資家は、損失を被る。このため、投資家は、投資を行う前の段階で情報を必要としている。

投資家への情報開示は、金融商品取引法や証券取引所の自主規制によって規制されている。次に、投資家への情報開示を概観する。

2　年に一度の開示（有価証券報告書）

まず、金融商品取引法（金商法）は、1年に一度、会社の情報を包括的に記載した有価証券報告書を内閣総理大臣に提出しなければならないと定めている（金商法24条1項）。有価証券報告書では、会社についてのさまざまな情報が投資家に開示される（金商法25条1項4号）（**図表13-2**）。しかも、

図表 13-2　有価証券報告書の主な記載事項

第一部　企業情報
　第 1　企業の概況
　　1　主要な経営指標等の推移
　　2　沿革
　　3　事業の内容
　　4　関係会社の状況
　　5　従業員の状況
　第 2　事業の状況
　　1　経営方針、経営環境及び対処すべき課題等
　　2　サステナビリティに関する考え方及び取組
　　3　事業等のリスク
　　4　経営者による財政状態、経営成績及びキャッシュ
　　5　経営上の重要な契約等
　　6　研究開発活動
　第 3　設備の状況
　第 4　提出会社の状況
　　1　株式等の状況
　　2　自己株式の取得等の状況
　　3　配当政策
　　4　コーポレート・ガバナンスの状況等
　第 5　経理の状況
　第 6　提出会社の株式事務の概要
　第 7　提出会社の参考情報
第二部　提出会社の保証会社等の状況
　　　　〔略〕

---

*16　EDINET
金融庁「金融商品取引法に基づく有価証券報告書等の開示書類に関する電子開示システム」

*17　より具体的にいうと、会社の事業年度を 3 か月毎に 4 つに分けて、第 1 四半期、第 2 四半期及び第 3 四半期について、四半期報告書の提出を求めている。第 4 四半期については、有価証券報告書が提出されるため、四半期報告書の提出が免除されている。

この情報は、EDINET*16 というインターネットサイトで公開されているため、誰でも無料で入手することができる。有価証券報告書の問題点は、情報が事業年度に合わせて 1 年に一度しか開示されないことにある。情報が開示されてから 11 か月経過した後では情報はすでに古くなっており、投資判断の役に立たないであろう。

③　3 か月毎の開示（四半期報告書・決算短信）

有価証券報告書が古くなってしまうという問題に対処するために、金融商品取引法は、上場会社に対して、四半期報告書の提出を求めている*17（金商法 24 条の 4 の 7 第 1 項）。四半期報告書も、有価証券報告書と同様、無料で開示されて、投資家の投資判断に役立てられている（金商法 25 条 1 項 7 号）。

東京証券取引所も別途四半期ごとの会社の経営成績（業績）の情報開示を求めている（有価証券上場規程 404 条）。これは決算短信と呼ばれる。

2023 年 1 月現在、四半期開示について、コスト削減や開示の効率化の観点から、第 1・第 3 四半期の四半期報告書を廃止し、決算短信に一本化することが議論されている。金融審議会ディスクロージャーワーキング・グループ「報告」（2022 年 12 月 27 日、以下、WG 報告）によると、第 1・第 3 四半期の四半期報告書が廃止された後でも、取引所規則によって四半期決算短信が公表されることになる。これによって、企業の業績（成績）は、四半期ごとに開示されることになる。第 2 四半期報告書の提出義務は維持されることになるので、今後、会社は、半期報告書として、従前の第 2 四半期報告書を提出することが見込まれる。

四半期報告書と決算短信では、記載内容や監査人によるレビューの有無等で違いがある。WG 報告では、①半期報告書には現行と同様、第 2 四半期報告書と同程度の記載内容と監査人のレビューを求め、提出期限を決算後 45 日以内とすること、②決算短信では監査人のレビューを求めないこと、③決算短信を臨時報告書として提出することを求めないことが示されている。また、四半期報告書は金商法上の法定書類であるが、決算短信は、取引所が求

める書類であるという違いがあり、その結果、④四半期決算短信は、金商法上の民事責任、課徴金及び刑事責任の対象にならないということになる。

四半期開示については、議論が継続している。上述の通り、四半期決算短信は、義務化のまま維持されるが、今後、任意化するかは継続的に検討される。将来的に、四半期決算短信も任意となり、四半期決算を開示しない企業もでてくるかもしれない[*18]。

*18 このための法改正、金商法の政令や府令改正及び証券取引所の規則の改正が見込まれている。詳しくは、WG 報告や改正後の政令、有価証券上場規程を参照されたい。

4 重要なできごとの開示（臨時報告書・適時開示）

会社の経営成績は、投資家が投資を行う際に、最も重要な考慮要素である。そのため、四半期報告書や決算短信の開示は、投資家の投資判断に寄与するものである。しかし、株式は、証券取引所において、祝日や土日を除く取引日において日々取引されている。そのため、3 か月といえども、情報が古くなることが否めない。このため、より迅速な情報開示が求められることになる。具体的には、重要な出来事が生じた際に、迅速に（適時に）情報開示が行われる必要がある。

金融商品取引法は、上場会社の株式の価値に大きな影響を与える事実について、臨時報告書という書類の提出を求めている（金商法 24 条の 5 第 4 項）。この情報も、投資家に無料で開示される（金商法 25 条 1 項 10 号）。また、東京証券取引所は、上場会社に対して①会社が重要な事項を決定した場合や②会社に重要な事項が発生した場合には、直ちに、当該情報を開示する旨定めている（適時開示：有価証券上場規程 402 条）。

投資家は、会社に生じた重要事実を臨時報告書や適時開示によって知ることになる。会社が新たな製品の開発に成功したことや、会社に不祥事が生じたことが適時開示や臨時報告書によって開示される場合、これらの情報に伴って、証券取引所における株価は大きく変動しうる。このため、適時開示や臨時報告書による開示は、実務でも注目されている。

金融商品取引法に基づく有価証券報告書、四半期報告書、臨時報告書などの書類の開示は、開示義務を負う会社が継続的に遵守しなければならない義務であるため、継続開示と呼ばれている[*19]（図表 13-3）。

*19 有価証券報告書等の提出会社は、本文に述べた上場会社に限られない。他に、有価証券届出書などを提出して有価証券の募集又は売出しを行った有価証券の発行者（金商法 24 条 1 項 3 号）及び株券等の有価証券の所有者が 1000 名以上である発行者（同項 4 号、金商令 3 条の 6 第 6 項）などがある。いずれも証券が多数の投資家によって取得されているのであれば、これらの投資家には情報が必要であり、有価証券報告書の提出、ひいては、継続開示が必要であるとの考え方に基づいている。

投資家間で株式の取引が行われる典型的な例は、金融商品取引所におけ

図表 13-3　上場会社の継続開示

	第 1 四半期	第 2 四半期	第 3 四半期	第 4 四半期	重要な事実の発生
提出書類	四半期報告書	四半期報告書	四半期報告書	有価証券報告書	臨時報告書

図表13-4　東京証券取引所における上場会社数
（2023年1月20日時点）

	上場会社数
プライム	1,837
スタンダード	1,451
グロース	516
TOKYO PRO Market	64
合計	3,868

る株式の売買である。わが国でもっとも取引量が多い金融商品取引所は、東京証券取引所である。東京証券取引所には、グローバルな投資家との建設的な対話を中心に据えた企業向けの「プライム市場」、高い成長可能性を有する新興企業向けの「グロース市場」、これらの中間に位置する「スタンダード市場」などの市場があり、数千社の株式が取引されている（図表13-4）。

　株式が金融商品取引所に上場されると、証券会社に証券取引の口座を持っていれば誰でも株式を購入することができる。つまり、上場された株式は、すべての投資家にとって投資の対象となるということである。

　証券取引所のような流通市場が存在することによって、投資家はさまざまな会社の株式を購入することができる。資金に余裕のある投資家にとって、投資対象となりうる潜在的な投資先が増えることは好ましい。また、いったん株主となった後は、株主が必要に応じて流通市場で株式を売却して資金を回収できる。このように流通市場は、投資家（＝潜在的な株主）と現在の株主の両方のために株式の譲渡を促進しているといえる。

Ⅳ　会社と投資家間の取引のための情報開示

図表13-5　発行市場と流通市場

	売主	買主
発行市場における募集	発行会社	投資家
流通市場	投資家	投資家

　金融商品取引法は、流通市場での取引のための情報開示に加えて、会社と投資家の間での取引のための情報開示の制度を求めている。つまり、会社が株式や社債などの有価証券を発行する際に、会社は一定の情報を開示しなければならない（このような市場を発行市場と呼ぶ）（図表13-5）。金融商品取引法による開示規制が強制される有価証券の発行は、

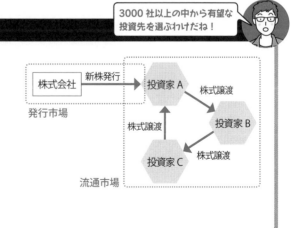

発 展　発行市場と流通市場

3000社以上の中から有望な投資先を選ぶわけだね！

　継続開示は、株式会社が投資家間の株式の売買を促進するために行う。投資家間での株式の売買とは、例えば、株式の保有者である投資家Aが、投資家Bへと株式を売却し、その後、投資家Bが投資家Cへと株式を売却するような取引をいう。このように投資家間での株式の売買では、株式の保有者が株式の売買に伴って変わり、株式が投資家の間を転々と流通することになる。このため、投資家間で株式の取引が行われる市場を流通市場という。

有価証券の募集と呼ばれる（金商法2条3項）。

有価証券の募集の際に会社は、2つの書類を作成しなければならない。①有価証券届出書と②目論見書である。

図表13-6　有価証券届出書の主な記載事項

第一部　証券情報
　第1　募集要項
　　1　新規発行株式
　　2　株式募集の方法及び条件
　　3　株式の引受け
　　〔略〕

　　10　新規発行による手取金の使途
　　〔略〕

　第2　売出要項
　第3　第三者割当の場合の特記事項
　第4　その他の記載事項
第二部　企業情報
〔略〕

1　有価証券届出書の届出と開示

有価証券届出書は、有価証券の発行者（例えば株式の場合は株式会社）が内閣総理大臣に提出する（金商法5条1項）。この情報はEDINETで公開され、投資家の投資判断に役立てられる（金商法25条1項1号）。

有価証券届出書の記載事項は、大きく、証券情報と企業情報に分けることができる。企業情報とは、有価証券報告書の記載事項（**図表13-2**）と同じである。これに加えて、有価証券届出書には、証券情報として、当該証券の種類や数、証券の募集の方法などが記載される（**図表13-6**）。

2　目論見書の交付

会社が作成しなければならないもう1つの書類が目論見書である（金商法13条1項前段）。通常の証券募集の文脈で有価証券届出書と目論見書に記載される事項は、相当な部分が重複している[20]。有価証券届出書と比較した場合の目論見書の特徴は、その開示の方法にある。有価証券を取得させ、または売り付ける際に、発行者、売出人、引受人、金融商品取引業者等は、目論見書を投資家にあらかじめ、または同時に交付しなければならない（金商法15条2項）。有価証券届出書が公衆縦覧による開示（間接開示）であるのに

[20] 金商法5条1項・13条2項1号イ（1）・開示府令8条・12条。

フェアな情報共有が投資の基本ルールなんですね！

コラム　公平な情報開示

会社が情報を開示する場合、投資家全般に対して平等に情報を開示する必要がある。ある投資家にだけ情報を開示して、他の投資家に開示を控えると、情報を受け取る投資家だけが有利な立場になるからである。金融商品取引法は、上場会社が証券会社などの一部の投資家に対して情報を伝達する場合には、当該情報を同時に一般にも公表するように定めている（金商法27条の36第1項）。もし、意図的ではない情報伝達が行われた場合でも、速やかに情報を

開示する旨、会社に対して義務付けている（同条2項・3項）。これは、「フェア・ディスクロージャー・ルール」と呼ばれる。

金融商品取引法は、別途、株価に反映していない未公開の重要な事実に基づく取引（インサイダー取引）を禁止している（金商法166条・167条）。フェア・ディスクロージャー・ルールは、情報が公平に投資家に開示されることによって、インサイダー取引を行いにくくするための制度といえよう。

対し、目論見書は、開示された情報を投資家に届けることによって投資判断を補助しようとしているといえる（直接開示）。

❸ 目論見書以外の資料の使用

　有価証券届出書や目論見書は、証券情報および企業情報の記載が義務化されている。このため、資料が大部になりがちである。そこで、金融商品取引法は、投資者に誤解を生じさせないのであれば、目論見書の記載内容と異なる資料を用いることができ、また、目論見書の記載内容を欠くものの使用も許されるものとした（金商法 13 条 5 項）。これによって、証券会社は、有価証券届出書・目論見書以外の資料に基づいて、投資の勧誘をすることができる。

会社による情報開示は、関連当事者に対して情報が開示されることを通じて会社経営に規律を与え、また、投資家が会社に投資をしやすくするためにあります。会社は、任意に情報開示をすることができますが、法令は、その最低限度を定めているといえます。

次章では、会社が会社を買ったり、売ったりする場合について学習します。会社法では、合併、株式交換、会社分割などの制度を用意して、会社同士の組織再編、ひいては経済活動を促進しています。

課 題

1. EDINET でトヨタ自動車株式会社の有価証券報告書・四半期報告書を見てみよう。トヨタ社の株式が買いたくなるだろうか。

2. EDINET でトヨタ自動車株式会社の臨時報告書を検索してみよう。どのような理由により臨時報告書が提出されているだろうか。

3. あなたが株式を購入しようとする場合、100 頁で文字と数字がぎっしり詰まった目論見書と、15 頁のプレゼンテーション資料のうち、どちらに基づいて投資判断をするだろうか。どちらに基づいて投資判断をすることが、投資家にとって好ましいだろうか。

第14章 会社を売ったり買われたり
組織再編

就活が始まったらエントリーシートを出そうと思っていた会社のHPを久しぶりに覗いてみたら、いつのまにか社名が変わっててビックリしちゃったよ。海外企業と合併してカタカナの社名になったんだけど、この会社、大丈夫なのかなあ。

ジョージ

最近はグローバル化のために積極的に合併する日本企業が増えているらしいよ。そういう会社はむしろ将来性があっていいんじゃない？　だけど、経営が行き詰まって他の会社に買収されちゃう会社もあるよね。

ジュンイチ

合併と買収のことを Mergers and Acquisitions の頭文字をとって M & A というのよ。そのほうがスマートに聞こえるでしょう？　とはいえ、もとの会社の従業員や株主がどうなるのかはやっぱり気になるわね。

ガイア

企業買収とは、会社を自分のものにすることをいいます。企業買収のための手段は多様ですが、会社法上の主な手段としては、合併などの組織再編を挙げることができます。本章では、組織再編とはどのようなものであり、株主や債権者にどのような影響を及ぼすのか、会社法上どのような手続が定められているのかといった点について勉強することにしましょう。

オモカネ先生

I　組織再編とは何か

　本章で取り扱うのは組織再編である。組織再編は会社法上の用語ではないが、一般には、合併、会社分割、株式交換・株式移転および株式交付のことを総称して組織再編ということが多い。

　会社が組織再編を行う理由はさまざまであるが、その典型例として、以下のようなものが挙げられる。第1に、会社（A 社）がいま行っている事業を拡大したり、新しい事業に進出するといった目的で、別の会社（B 社）を自社のものとするために（いわゆる企業買収）、組織再編が行われることがある。こうした企業買収には、①A 社が B 社の株式を取得して子会社にする場合と、②A 社が B 社の事業を A 社内に直接取り込む（承継する）場合とがあり、①の場合には株式交換や株式交付などが[*1]、②の場合には合併（特に吸収合併）や会社分割（特に吸収分割）などが用いられる[*2]。

　第2に、一方の会社（A 社）が他方の会社（B 社）を買収するというのではなく、共同で事業を行うために、組織再編が行われることがある。例えば、①共同で持株会社を作って、A 社と B 社がいずれもその持株会社の傘下の 100% 子会社となる、あるいは、②A 社と B 社が共同で子会社を作って、それぞれ事業の一部をその子会社に移すといった場合である。①の場合には株式移転などが、②の場合には会社分割（特に新設分割）などが用いられる。

　第3に、会社が経営効率性を高めるなどの目的で、自社の事業（不採算事業など）を別の会社に売却したり、グループ内で重複した事業を1つの会社にまとめたりして、事業の再構成（リストラクチャリング）を行うために、組織再編が行われることがある。この場合には、会社分割などが用いられる[*3]。

　もっとも、このように抽象的に説明するだけでは、よくイメージがつかめないであろう。そこで、次節Ⅱでは、合併がどのようなもので、株主・債権者にどのような影響を及ぼすのか、また、会社法上どのような手続が定められているかについて説明する。そのうえで、Ⅲで会社分割を（および、それとの比較で事業譲渡・譲受けも）、Ⅳで株式交換・株式移転を、Ⅴで株式交付を取り上げて、それらがどのようなもので、どのような目的のために用いられるのか、合併の場合とどのように手続が異なるのかを見ていくことにしたい。なお、組織再編は持分会社が行うこともできるが、以下の記述では、株式会社（または株式会社同士）が行う場合を想定している。

[*1]　このほか、①A 社が B 社株式を証券市場で買い集める、②A 社が B 社株式の公開買付け（株式の買付けの条件を公示して、B 社の株主に株式を売却するよう勧誘したうえで、証券市場外で株式を買い付ける方法）を行う、③A 社が、B 社から第三者割当ての方法による募集株式の発行等を受ける、といった方法も用いられる。

[*2]　このほか、事業の譲受け（➡Ⅲ 3）という方法も用いられる。

[*3]　このほか、事業の譲渡（➡Ⅲ 3）という方法も用いられる。

① 吸収合併と新設合併

合併とは、2つ以上の会社（当事会社）が、会社法の規定にしたがって合併契約と呼ばれる契約を結び、会社法に定められた手続を経ることで、1つの会社になることをいう。合併には、吸収合併と新設合併とがある。

まず、吸収合併とは、当事会社のうちの1社（吸収合併存続会社）が合併後も存続する一方で、残りの会社（吸収合併消滅会社）は消滅し、その会社が有するすべての権利義務が存続会社に承継されるものをいう（2条27号）。これに対し、新設合併とは、当事会社のすべてが消滅会社となる一方、合併手続の中で新たに会社（新設合併設立会社）が設立され、消滅会社のすべての権利義務が設立会社に承継されるものをいう（2条28号）。

会社が合併する場合は、「対等の精神」で合併する旨が強調されることが多い。というのも、当事会社の一方が他方に吸収されると、吸収される方の会社の従業員の士気が低下するおそれがあるからである。このことからすると、吸収合併よりも新設合併の方が利用されやすいように見えるが、実際には、吸収合併の方が多く用いられている。それは、当事会社が事業の許認可*4を得ていたり、証券取引所に株式を上場している場合に、新設合併だと、そうした許認可を得ている会社や株式を上場している会社が消滅してしまうために、設立会社が新たに事業の許認可を得たり、証券取引所に株式を上場する必要があるのに対し、吸収合併だと、そのような必要がないからである。

② 合併が株主・債権者に及ぼす影響

合併は、株主・債権者に大きな影響を及ぼしうる。ここでは、**図表 14-1**のように、株式会社A社がB社に対して吸収合併を行う場合を取り上げて、合併が株主・債権者に及ぼす影響について見てみよう。

（1）債権者に及ぼす影響

吸収合併は、合併契約で定めた効力発生日（749条1項6号）に、B社（吸収合併消滅会社）のすべての権利義務がA社（吸収合併存続会社）に承継される（750条1項）。そして、B社は解散して（471条4号）、清算手続を経ることなく消滅する（475条1号括弧書参照）。

この結果、B社がジュンイチに対して負っている債務もA社に承継されるから、ジュンイチ（消滅会社の債権者であった者）にとっては、債務者がB社からA社に変わることになる。B社とA社とでは財務状況が異なるであ

138

図表14-1　吸収合併

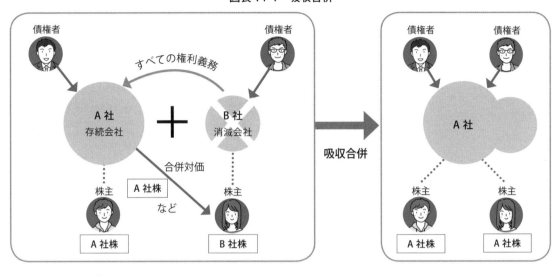

＊5　金銭等（金銭その他の財産：151条）であればよい（749条1項・2項）。これに対し、新設合併の場合には、消滅会社の株主が設立会社から受けとる合併対価は、設立会社の発行する株式、または、設立会社が発行する社債等（社債および新株予約権）に限られる（753条1項6号〜9号・754条2項3項）。設立会社は、新設合併によって新たに設立される会社であり、消滅会社の株主にそれら以外の合併対価（例えば金銭）を交付したくても、交付できないためである。

ろうから、ジュンイチからすると、債権回収のリスク（不確実さ）が増す可能性がある。他方、オモカネは合併後もA社の債権者のままであるが、合併によってA社の財務状況は大きく変化しうるから、やはり債権回収のリスクが増す可能性があるであろう。このような意味で、合併は、当事会社の債権者に大きな影響を及ぼしうる。

（2）株主に及ぼす影響

　合併は、当事会社の債権者にも大きな影響を及ぼしうる。まずガイア（B社の株主）にとっては、合併によってB社のすべての権利義務がA社に承継されてB社が消滅するから、合併前に保有していたB社株式を失ってしまう。このためガイアは、合併契約の定めにしたがって、効力発生日に、A社から何らかの代わりの対価（合併対価）を受けとることになる（750条3項）。会社法上、吸収合併の場合には、合併対価の種類の制限はないが[*5]、実務上は、A社株式または金銭が合併対価とされることが多い。

　ガイアにとっての重要な関心事は、合併によって当事会社の企業価値が増加するか（例えばA社の企業価値が100、B社の企業価値が50の時に、合併後のA社の企業価値が150より増えるか）に加えて、どのような種類の合併対価を受けられるか（A社株式か金銭か、その他の財産か）、そうした合併対価がどれほど受けられるかである。仮に合併対価の種類がA社株式であれば、ガイアはB社が行っていた事業への投資を継続できることになる。これに対し、合併対価の種類が金銭であれば、ガイアはいわば会社から締め出される。また、合併対価の種類が何であるにせよ、受けとる合併対価の価値が小さすぎると、ガイアは経済的損失を被ってしまう。

他方、ジョージにとっても、ガイアがどのような種類の合併対価をどれほど受けとるのかは、重要な関心事である。合併対価の種類がＡ社株式であれば、ジョージの持株比率は薄まってしまう。これに対し、合併対価の種類が金銭であれば、ジョージの持株比率は変化しない一方、合併対価の分だけＡ社の財産は減少する。また、合併対価の種類が何であるにせよ、ガイアがＡ社から受けとる合併対価の価値が大きすぎると、Ａ社株式の価値も低下する結果、ジョージに経済的損失が生じることになる。

（3）合併の手続

　このように合併は、株主・債権者に大きな影響を及ぼしうる。そこで会社法は、株主・債権者が不当な損害を被ることのないよう、合併について、以下のような手続を定めている。

図表 14-2　吸収合併の手続の流れ

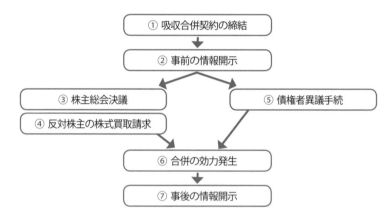

①吸収合併契約の締結

　吸収合併契約の締結は、Ａ社・Ｂ社の取締役会決議によらなければならない（362条4項）。ここで定めるべき事項は、当事会社の商号・住所、合併対価に関する事項、合併の効力発生日などである（749条1項）。

②事前の情報開示

　Ａ社・Ｂ社は、吸収合併契約の締結後、一定の事項を記載（記録）した書面（電磁的記録）を本店に備え置き、株主・債権者の閲覧に供さなければならない。開示される一定の事項とは、吸収合併契約の内容のほか、「合併対価の相当性に関する事項」などである[6]。

③株主総会決議

　Ａ社・Ｂ社は、吸収合併契約について、株主総会決議による承認を受けなければならない[7]。

*6　会社規則182条：消滅会社、191条：存続会社。当事会社が上場会社である場合には、「合併対価の相当性に関する事項」として、第三者である専門家（監査法人や証券会社など）の意見を徴したうえで、合併対価を決定した旨が記載されるのが一般的である。

*7　783条1項：消滅会社、795条1項：存続会社。この株主総会の決議は、原則として特別決議である（309条2項12号）。先に触れたように、吸収合併契約の内容は取

締役会によって決定されるが、株主にとって利益にならない合併が計画されたり、合併契約に株主にとって不利益な内容が定められたりする危険もあるため、会社法上、株主総会決議による承認が要求されている。

ただし、(a) 株主総会決議が必ず成立すると考えられる場合（略式合併）、または（b）合併によって株主に及ぶ影響が小さいために株主総会決議を要求する必要がないと考えられる場合（簡易合併）には、例外的に、株主総会決議は不要であるとされている（784条1項・796条）。

図表14-3　略式合併

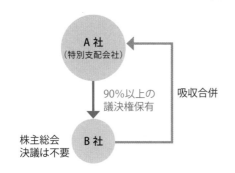

略式合併は、A社がB社の議決権の90%以上をもっている（A社がB社の90%親会社である）場合に行われる。A社の代表取締役はA社・B社間の合併契約の締結を主導する立場にあるため、B社の株主総会の合併契約承認決議も当然に成立すると考えられる。そのため、B社の株主総会決議は不要であるとされている。

図表14-4　簡易合併

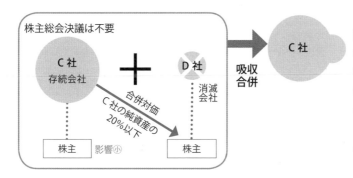

簡易合併はC社が交付する合併対価の帳簿価額が純資産の20%以下の場合に行われる（796条2項）。規模の大きなC社が規模の小さなD社を吸収合併するので、C社の株主にとって影響があまりないため、株主総会決議は不要であるとされる。

④反対株主の株式買取請求

*8 「公正な価格」の意義について、最高裁は、①組織再編によって企業価値の増加が生じない場合は、当該組織再編を承認する旨の株主総会決議がされることがなければ、その株式が有したであろう価格（ナカリセバ価格）、②組織再編によって企業価値の増加が生じる場合には、組織再編の対価が公正なものであったならば、その株式が有していると認められる価格（公正分配価格）であると解している。これは、株主にとって最善なのは、①の場

　ある株主（ジョージ）が、自分にとって利益にならない合併が計画されていると考える場合には、株主総会決議で反対することになる。しかし、他の多くの株主が賛成してしまうと株主総会決議が成立して、合併が行われてしまう。その場合に、他の多くの株主の判断が正しいのであれば問題ないが、常にそうであるとは限らないから、ジョージを何らかの形で保護すべきであると考えられる。そこで会社法は、そうした株主を保護するために、自己の持株を「公正な価格*8」で買い取るよう、会社に請求する権利（株式買取請求権）を与えている。

図表 14-5　株式買取請求の手続の流れ
（785 条・786 条・797 条・798 条）

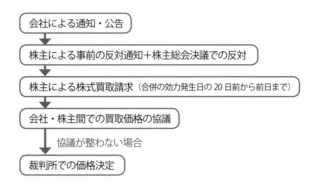

*9 ただし、官報公告に加えて、定款所定の日刊新聞紙または電子公告によって公告を行った場合には、それで十分情報は周知されると考えられるから、個別催告を省略してよいとされている（789 条 3 項・799 条 3 項）。

合には組織再編をしないことであり、②の場合には公正な対価で組織再編を行うことであるから、そうした状態での価格をそれぞれ株主に補償してあげるべきであるという考え方に基づくものと理解される。

⑤債権者異議手続

　合併によって、存続会社の債権者も消滅会社の債権者も、債権回収リスクが上昇して不利益を受ける可能性がある。そこで会社法は、合併に際して、存続会社・消滅会社の債権者に異議を述べる機会を与え、異議を述べた債権者に一定の保護を与えることにしている。

図表 14-6　債権者異議手続の流れ（789 条・799 条）

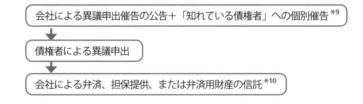

*10 ただし、合併をしても当該債権者を害するおそれがないときは、会社はこれらの措置を講じなくてもよいとされている（789 条 5 項ただし書・799 条 5 項ただし書）。

⑥合併の効力発生

　吸収合併契約に定められた効力発生日が来ると、存続会社は消滅会社のすべての権利義務を承継する*11（750 条 1 項）。また、存続会社から消滅会社の株主に合併対価が交付される。例えば合併対価が存続会社の株式である場合には、ガイアは A 社の株主になる（750 条 3 項）。

⑦事後の情報開示

*11 **新設合併の効力発生日**
新設合併の場合には、新設合併の登記（922 条）の一環として、新会社の設立の登記がなされ当該新会社が成立（49条）した日に、合併の効力が生じて、当該新会社に消滅会社のすべての権利義務が承継される（754 条 1 項）。

　存続会社はその後遅滞なく、合併手続の経過などを記載（記録）した書面（電磁的記録）を作成し、効力発生日から 6 か月間、本店に備え置いて、各当事会社の株主・債権者の閲覧に供さなければならない（801 条）。この情報は、株主・債権者が合併無効の訴えを提起するかどうかについて検討する際の資料となることが想定されている。

Ⅲ　会社分割とは何か

1　吸収分割と新設分割

（1）吸収分割

　A社がB社の事業を直接取り込みたい（承継したい）場合に、その手段の候補になるのが合併と会社分割である。合併のうちよく用いられるのは吸収合併であるが、吸収合併だと、A社にB社のすべての権利義務が承継されて、B社が消滅することになる。

　しかし、B社のすべての権利義務ではなく、一部の権利義務（B社の一部の事業に関する権利義務など）だけをA社に承継させたいとか、全部の権利義務を承継させるがB社は消滅させたくないとかいう場合もあるであろう。そのような場合に用いるのが会社分割のうちの吸収分割である[*12]。

　吸収分割とは、会社法に定められた手続を経ることで、B社（吸収分割会社）がその事業に関して有する権利義務の全部または一部を、A社（吸収分割承継会社）に承継させることをいう（2条29号）。

*12　吸収分割は企業買収の手段として用いられるほか、企業グループ内で重複した事業を1つの会社にまとめたりして、事業の再構成（リストラクチャリング）を行うための手段としても用いられる。

図表14-7　吸収分割

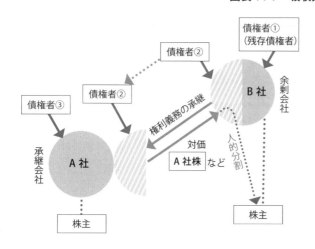

吸収分割によって具体的にB社の権利義務のどれをA社に承継させるのかは、吸収分割契約で定められる（758条2号）。また、吸収分割契約の定めにしたがい、権利義務を承継させることの対価（分割対価）として、基本的にはB社がA社から「金銭等」（金銭その他の財産：151条）を受けとる（758条4号）。ただし、B社は、吸収分割契約に定めれば、吸収分割に際して、受けとった分割対価を株主に交付することもできる（758条8号ロ、これを「人的分割」と呼ぶこともある）。吸収合併とは異なり、B社は吸収分割の効力発生日後も消滅せずに存続する。

（2）新設分割

　会社分割には、吸収分割のほかに、新設分割もある。**新設分割**とは、会社法に定められた手続を経ることで、ある会社（新設分割会社）がその事業に関して有する権利義務の全部または一部を、新設分割によって新たに設立される会社（新設分割設立会社）に承継させることをいう（2条30号）。

図表 14-8　新設分割

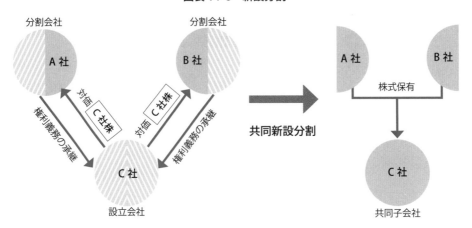

新設分割は、会社が一部の事業を切り離して、子会社化するための手段として用いられる。また、「Ⅰ」で触れたように、2つ以上の会社（A社とB社）が共同で子会社（C社）を作って、それぞれ事業の一部をその子会社（C社）に移すために、新設分割が用いられることもある（共同新設分割）。

*13 ①の債権者（分割会社の残存債権者）は、債権者異議手続の対象となっていない。この点については、以下のように説明されている。つまり、吸収分割によって分割会社の権利義務の全部または一部が承継会社に承継される一方、分割会社には、承継させた権利義務の価値に等しい対価が入ってくるであろうと考えられる。そうすると、分割会社の財務内容が吸収分割によって悪化することは考えにくく、分割会社の残存債権者に不利益が及ぶことも考えにくいので、債権者異議手続の対象にしなくてもよい、という説明である。ただし、常に分割会社の残存債権者に不利益が及ばないわけではないから、会社法上、そうした場合には、別の形での保護（759条4項）が与えられている。

*14 このように事業譲渡は通常の取引行為であるが、会社が事業の全部または重要な一部を譲渡するときは、株主に大きな影響を及ぼしうるため、譲渡会社は、原則として、株主総会特別決議による承認を受けなければなら

2　吸収分割の手続

　ここでは会社分割のうち、特に吸収分割を取り上げる。

　吸収分割の場合にも、吸収合併の場合と同じく、株主・債権者に大きな影響が及びうるため、会社法上、吸収合併の場合と同様な手続が定められている。少し異なるのは、債権者異議手続の対象となる債権者が限定されていることである。吸収分割における当事会社の債権者は、ざっくり分けると、以下の3つに分類できる（図表14-7）。

　①B社（分割会社）の債権者のうち、吸収分割後もB社の債権者のままである者（B社の残存債権者）、②B社の債権者のうち、吸収分割後はA社（承継会社）の債権者に変わり、もはやB社に債務の履行を請求できない者、③A社の債権者、である。このうち債権者異議手続の対象になるのは、基本的には、上記②と③の債権者に限られる（789条1項2号・799条1項2号）*13。

3　事業譲渡・譲受けとの異同

　B社のすべての権利義務ではなく、一部の権利義務（B社の一部の事業に関する権利義務など）だけをA社に承継させたいとか、全部の権利義務を承継させるがB社は消滅させたくないとかいう場合には、事業の全部または一部を譲渡するという方法もある。事業譲渡は、会社法上の特別の行為ではなく、事業を対象とする取引行為である。つまり、譲渡会社が事業に関して有する権利義務につき、権利は相手方（事業の譲受人）に譲渡し、義務は相手

ない（467 条 1 項 1 号 2 号・309 条 2 項 11 号）。また、会社が他の会社の事業の全部を譲り受けるときにも、譲受会社は、原則として、株主総会特別決議による承認を受けなければならない（467 条 1 項 3 号・309 条 2 項 11 号）。

方がこれを引き受けるという、通常の取引行為が一括して行われるにすぎない。したがって、相手方が譲渡会社の債務を免責的に引き受けるためには債権者の個別の承諾が必要になる一方、会社法上、債権者異議手続は設けられていない*14。

Ⅳ 株式交換・株式移転とは何か

1 株式交換と株式移転

株式交換と株式移転はいずれも、完全親子会社（100％親子会社）関係を作るための方法である。まず株式交換とは、会社法に定められた手続を経ることで、ある会社（B 社）が既存の他の会社（A 社）に株式の全部を取得させて、B 社を A 社の完全子会社にすることをいう（2 条 31 号）。株式交換が行われると、B 社の株式が同社の株主から A 社に移転して、もともとの B 社株主（ガイア）は B 社株式を失うから、その対価として、株式交換契約の定めにしたがい、もともとの B 社株主（ガイア）は A 社から金銭等（151 条）を受けとる*15。

*15 Ⅰで述べたように、株式交換は、A 社が B 社を子会社にするという形で買収する場合などに用いられる方法である。

図表 14-9 株式交換

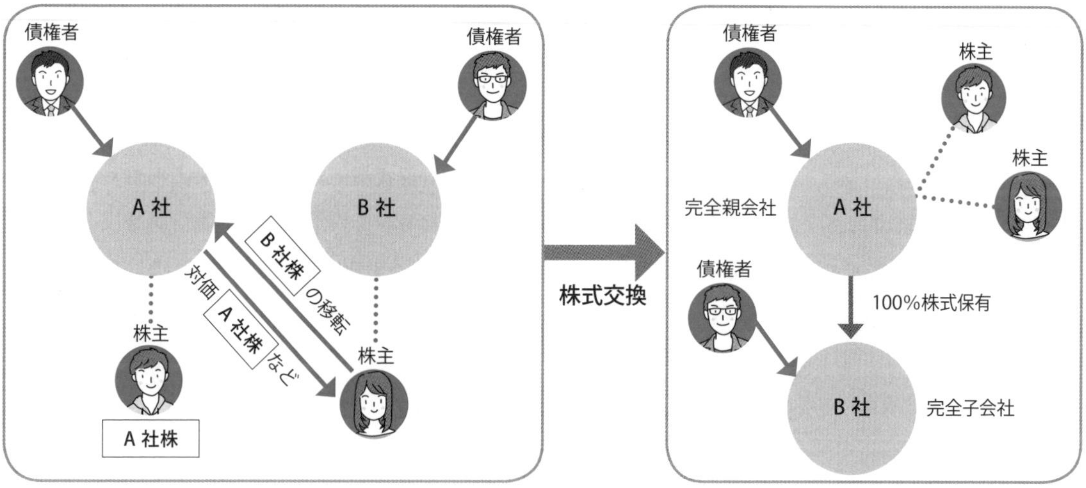

他方、株式移転とは、ある会社（株式移転完全子会社）が新たに設立される会社（株式移転設立会社）に株式の全部を取得させることをいう（2 条 31 号）。株式移転は、1 社で行うこともあるが（単独株式移転）、むしろ 2 社以上で行うことが多い（共同株式移転）。例えば、A 社と B 社が共同で持株会社（C 社）を作って、両社がいずれもその持株会社（C 社）の傘下の完全子会社となる場合に、株式移転が用いられる。

② 株式交換の手続

　会社法上、株式交換の場合にも、吸収合併の場合と同様な手続が定められている。ただし、株主に及ぶ影響は類似するのに対し、債権者に対する影響は大きく異なる。というのも、株式交換の場合には、子会社の株式が親会社に移転するだけで、当事会社の財産関係は基本的に変動しないため、債権者にとっての債務者の変更も生じない。したがって、株式交換完全親会社の債権者も、株式交換完全子会社の債権者も、基本的には債権者異議手続の対象になっていない（789条・799条参照）*16。

Ⅴ　株式交付とは何か

① 株式交付

　株式交付とは、会社法に定められた手続を経ることで、ある会社（A社）が、既存の他の会社（B社）を子会社にするため、B社の株主からB社株式を譲り受ける一方、その対価としてA社株式を交付することをいう（2条32号の2）。株式交付が行われると、B社（株式交付子会社）はA社（株式交付親会社）の子会社になる一方、A社にB社株式を譲り渡したB社株主はA社株主となる*17。

② 株式交付の手続

　株式交付の手続は、吸収合併の場合とは少なからず異なる。まず、B社（株式交付子会社）の株主は、A社（株式交付親会社）に株式を譲り渡すか否かを各自で自由に決めることができる。このため、株主総会決議による保護は不要であり、B社の株主総会決議は要求されない。これに対し、A社では、B社を子会社化する一方、多数の株式を発行することになるため、株主に大きな影響が及ぶ。そこで、A社では、原則として、株主総会決議による承認を受けなければならない（816条の3）*18。

　株式交付が行われても、B社株式がA社に移転するだけで、当事会社の財産関係は基本的に変動せず、債権者にとっての債務者の変更も生じない（この点で株式交換に類似する）。したがって、A社の債権者も、B社の債権者も、基本的には債権者異議手続の対象になっていない（816条の8参照）*19。

*16 債権者異議手続の対象になるのは、株式交換完全親会社の株式以外が対価とされる場合における同社の債権者（799条1項3号）などに限られる。その場合には、株式交換完全親会社の財産状態が悪化して、同社の債権者の債権回収リスクが高まる可能性があるため、債権者異議手続の対象にされている。

*17 同様のことは、A社が、B社株主からB社株式の現物出資を受けて株式発行をすることによっても実現できる。しかし、その場合、A社は検査役の調査などの現物出資規制を受ける必要があるが、株式交付制度を利用すれば、そうした規制を受けることなくB社を子会社化できる。

*18 ただし、A社が発行する株式の価値の総額がA社の純資産額の20%以下である場合は、例外的に、A社の株主総会決議も不要である（816条の4第1項）。

*19 株式交付においても、A社が、B社株主に対して、対価として、A社株式に加えて、それ以外の多額の財産を交付する場合はあり得る。債権者保護手続の対象になるのは、そのような場合におけるA社の債権者に限られる。

Ⅵ　違法・不当な組織再編に対する株主の救済手段

組織再編の差止め

違法・不当な組織再編が行われようとしているとき、株主は、その差止めを請求することができる（784条の2・796条の2・805条の2・816条の5）。具体的に、略式組織再編（略式合併など）以外の場合には、会社法上、株主が差止めを請求できるのは、法令定款違反がある場合で、株主が不利益を受けるおそれがあるときである。他方、略式組織再編の場合には、それに加えて、組織再編の対価が著しく不当であるときにも、株主は差止めを請求することができる旨が規定されている[20]。

2 組織再編の無効の訴え

募集株式の発行等の場合と同様の趣旨から、組織再編の場合にも、無効の訴えの制度が設けられている。組織再編の無効原因については明文の規定がないため、解釈に委ねられている。

組織再編が無効とされると多数の関係者に大きな影響が及ぶため、多数説は、無効原因をかなり限定して、①組織再編契約・計画の内容について重大な違法があること、②適法な株主総会決議を欠くこと、③債権者異議手続の履行に重大な違法があることなどに限られ、例えば、組織再編対価の著しい不当それ自体も無効原因にならないと解している[21]。

*20 こうした規定ぶりからすると、略式組織再編以外の場合には、組織再編の対価が著しく不当であるときにも、株主はそれを理由とした差止めが許されないように見える。しかし、それは妥当でないと考えられるため、学説は、さまざまな理論構成によって、組織再編の対価が著しく不当である場合の差止めを認めるべきであると主張している。

*21 ただし、多数説は、親子会社間の合併などで、かつ対価が子会社株主にとって著しく不当である場合は、子会社の株主総会決議について、特別利害関係株主（親会社は子会社の特別利害関係株主に該当すると解される）の議決権行使による不当内容決議という取消事由が認められ（831条1項3号）、そのことが合併の無効原因になると解している。

この章では、組織再編について説明しました。組織再編によって株主や債権者に大きな影響が及ぶ可能性があること、そのため、株主や債権者を保護するための手続が用意されていることを理解してもらえたでしょうか。次章では、会社に関連する法律として、労働法、商事仮処分と倒産法を取り上げることにしましょう。

課題

実務上、存続会社が消滅会社の株主に対し、どのような種類の合併対価をどれほど交付するかについて、どのように決定しているのであろうか。例えば、上場会社同士の合併の場合について、各社が公表したプレスリリースなどを調べてみよう。また、親子会社間の合併の場合は、独立した会社同士の合併の場合と違うのかについても、プレスリリースなどを調べてみよう。

第15章 隣接する分野も知っておこう

① 労働法 —— 従業員は財産ですか?

僕たちの事業がうまくいって会社が大きくなれば、人手が足りなくなって従業員を雇うことになるよね。社員に好かれるいい社長になりたいなあ。「ブラック企業」なんて噂が立ったらいい社員がこなくなっちゃうもんね。

ジョージ

それは労働法を守っていれば大丈夫なんじゃない? 会社法が法人と投資家を守るための法律だとすれば、労働法は従業員を守るための法律らしいよ。ただ、自分が雇われる立場なら労働法は強い味方だけど、雇う側の立場からはちょっと面倒な法律かもね。

ジュンイチ

でも、従業員一人ひとりのことも考えなくちゃ。働けば疲れるし、病気やケガの心配もある。育児や介護と仕事の両立に悩む人たちもいる。従業員にはちゃんと守られる権利があるはずだわ。従業員を使い捨てにするような冷たい会社だったら、どんなにやりがいのある仕事だとしても働きたくないもの。

ガイア

会社として利益を上げていくことはもちろん重要ですが、だからといって従業員をまるで道具のように働かせることは許されません。では、会社と従業員の利益は、どのように調整されているのでしょうか。労働法の基本的な考え方や、会社法と労働法の接点について勉強してみることにしましょう。

オモカネ先生

I 労働法の基本的な枠組み

1 労働法は何のためにあるのか

　会社で働く従業員は、会社を構成する重要なファクターである。従業員が働く（労働する）ことについてのルールを定めたものが労働法である。会社法が会社全体を広くカバーする法であるのに対し、労働法は、会社の中でも特に従業員と会社の関係をカバーする法である。なお、「会社法」と異なり、「労働法」という名前の法律はない。労働基準法など多くの法律が集まって、労働法という 1 つの分野が形成されている。

　労働法は何のためにあるのかというと、一言でいえば、会社と従業員の雇用関係に介入するために存在している。会社と従業員は、従業員が労働し、会社が給料（賃金）を支払うという契約、すなわち、雇用契約[*1]を締結している。この雇用関係は、契約を結んだ対等な関係というのが建前であるが、実際には会社側が強く、従業員が不利な立場に置かれてしまうため、労働法による介入が必要不可欠になるのである。

　会社法を勉強していると、株主の利益を最大化することが会社の使命であり、そのための制度が数多く置かれていることがわかる。しかし、会社が従業員という生身の人間なしには存在しえない以上、従業員を人とも思わないような扱いをすることは許されない。

　より具体的に言えば、働き過ぎによって心身を壊し、働けなくなった従業員[*2]（およびその家族等）は、社会保険や社会保障など公的な制度[*3]を通して、最終的には社会全体が支えることになる。つまり、従業員を酷使して「使い潰す」会社は、その負担を社会に押しつけながら、自社だけ利益を上げているわけで、これがいかに不当な振る舞いか、説明するまでもあるまい（「ブラック企業」の問題の本質もここにある）。会社に認められる経営の自由は、あくまで、労働法を守っていることが前提となるのである。

　なお、しばしば見られる誤解ではあるが、労働法の役割は従業員を守るため「だけ」ではないので、気を付けてほしい。もちろん従業員の保護は重要な役割であるが、実は、会社の利益を守るという役割も担っている。例えば、労働法を守って経営することによって、働くこと（会社における「人事労務」）に関するトラブルを予防できるだろう。さらに、仮にトラブルが発生したとしても、従業員に対する労働法上の義務を果たしていたことは、会社の責任を否定ないし軽減させる要素となりうる。こうして見てくると、労働法は会社と従業員の双方にとって意義がある存在といえるのである。

[*1] ビジネスの現場では「雇用契約」と呼ばれることが多いが、法的には「労働契約」という用語も用いられる。本章では「雇用契約」に統一するが、両者は基本的に同じ意味であると考えればよい。

[*2] 最も深刻なケースとして、本人が「過労死」や「過労自殺」をした場合が挙げられる。

[*3] 例えば、労働者災害補償法に基づく労災保険制度（社会保険）、生活保護法に基づく生活保護制度（社会保障）を挙げることができる。

労働法が雇用関係へ介入するやり方（枠組み）は大きく2つあり、これが労働法を大きく2つの分野に分けている（**図表15-1**）。

まず、**雇用関係法**という、雇用関係へ直接的に介入する分野がある。労働法の7〜8割を占めており、**労働基準法**（労基法）、**労働契約法**（労契法）、男女雇用機会均等法[*4]や最低賃金法など、雇用に関する多くの法律が雇用関係法に分類される。雇用関係法の基本発想は、雇用関係を上から規制するというものであり、「働くときの最低基準を国家が作り、会社に守らせる」、「会社ができることを制限する[*5]」ことが中心である。

次に、**労使関係法**という、労働組合[*6]をサポートする形で介入する分野がある。労働法の2〜3割を占めており、**労働組合法**（労組法）などが労使関係法に分類される。労使関係法の基本発想は、労働者と労働組合を横から支援するというものであり、「労働組合が会社と交渉できる環境を保障する」、「労働組合の活動を保護する」ことが中心である。

図表15-1　労働法が雇用関係に介入する枠組み

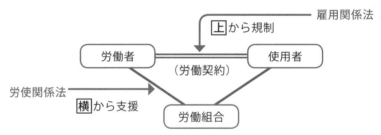

なお、従業員に残業代が支払われていなかったなど、労基法違反に関するニュースを目にする機会も少なくない。労基法に関しては[*7]、各地に設置されている**労働基準監督署**（労基署）が違反に対する行政指導や取り締まりを行うことになっている（悪質な事案については、刑事事件として立件されることもある[*8]）。

 Ⅱ　労働法と会社法の接点① 労働者と使用者

1 保護される側——労働者

一言でいえば、労働法は労働者を保護の対象としている。労基法などの各法律において、労働者とはどのような人を指すのか、定義規定が置かれており、この定義にあてはまる人が保護の対象となる（労基法9条等）。定義の詳細については労働法の教科書（172頁の文献案内を参照）に譲るが、会社と雇

＊4 正式な法律名は「雇用の分野における男女の均等な機会及び待遇の確保等に関する法律」。

＊5 例えば、「理由もなく従業員をクビにしても法的に無効である」というルールを作ることで、会社が無効となるような行動（この例でいえば「理由もなく従業員をクビにすること」）を避けることが期待できる。後記Ⅱ2（1）も参照。

＊6 労働組合とは、働く人々（労働者）が会社側と交渉するために集まって作った団体のことである。日本においては、企業別に作られた企業別労働組合を中心に、誰でも加入できるユニオン（合同労組）など、さまざまな労働組合が存在している。

＊7 労組法に関しては、労働組合と会社の紛争を解決するための機関として、「労働委員会」が設置されている。

＊8 厚生労働省が毎年出している「労働基準監督年報」によると、労基法違反については年間400件前後が重大・悪質な事案として検察庁に送検（書類送検）されている。会社法には違反を取り締まる専門機関が存在しないことと比べると、それだけ労働法については違反が多いということかもしれない。

労働基準法　9条
この法律で「労働者」とは、職業の種類を問わず、事業又は事務所（以下「事業」という。）に使用される者で、賃金を支払われる者をいう。

用契約を締結し、従業員として働く人々は、労働者として保護されると考えてよい。なお、会社法の条文でも何度か登場する「使用人」は、従業員（労働者）に等しいと考えておけばよいだろう。また、「執行役員」は、会社法上は特に規定がないこともあり、労働法の世界では「従業員（労働者）」として保護されると考えられる。

では、取締役はどうであろうか。第7章で学んだように、会社と取締役は、法的には「委任」（330条）の関係にある。一言でいえば、「雇用」よりも緩やかな関係であり、会社があれこれ具体的に指示を出して働かせる、という関係ではない（会社と社外取締役の関係を思い浮かべればわかりやすいであろう）。したがって、取締役は、労働者として保護されることはない、というのが原則である（監査役や執行役も同様である）。

これに対し、例えば「取締役事業部長」はどうであろうか。もちろん肩書きだけからは判断できず、実態はさまざまである。しかし、従業員として働き、出世を続けた結果、取締役の地位を与えられた場合のように、従業員と取締役の2つの地位を兼務している、といってよい場合がある[9]。法律で定義されているわけではないが、一般に**従業員兼務取締役**（使用人兼務取締役）と呼ばれている。

従業員兼務取締役は、従業員としての職務を行い、給料（賃金）を支払われる一方で、取締役としての職務を行い、報酬を得ている。つまり、取締役としての委任契約と従業員としての雇用契約が併存していることになる。このような併存は、会社の規則等で制度化されていればわかりやすいが、制度化されていない場合には問題が生じうる。例えば、管理職が取締役に就任したが、従来の管理職としての業務を引き続き行っているという場合、従業員として法的に保護されるのだろうか。法的には、業務内容が変化しているのか、報酬の基準、額などについて、従業員としての賃金も含まれているといえるのか、退職金の支払いによって従業員としての地位を清算したといえるのかなどを判断要素として、実態に即して判断されることになる[10]。

❷ 規制を受ける側──使用者

（1）会社の責任

労働法上のさまざまな規制を受け、従業員に対してさまざまな責任を負うのは使用者である。雇用契約においては、契約の一方の当事者である「労働者」の相手方、すなわち、会社などの各種の法人（個人経営の場合はその個人）が「使用者」ということになる。したがって、会社[11]は賃金を支払

*9 代表取締役については、まさに会社を代表している以上、従業員の地位と兼務しているということは考えにくいであろう。

*10 裁判では、取締役の地位と従業員としての地位の併存が認められた事例と認められなかった事例の両方が存在する。

*11 法律によっては「事業主」「事業者」といった記載も見られるが、要は会社のことだと考えればよい。

*12 このさまざまな権利や義務について学ぶのが労働法の講義の中心であるといえる。

*13 このほか、注3でも挙げた労災保険制度（仕事を原因とする病気や怪我、死亡等について補償する公的な制度）も整備されている。ただ、定型的な補償にとどまるため、労災保険ではカバーされない部分について会社に賠償を請求するケースもしばしば見られる。

労働契約法　5条

使用者は、労働契約に伴い、労働者がその生命、身体等の安全を確保しつつ労働することができるよう、必要な配慮をするものとする。

*14 ハラスメントについては　厚生労働省によるウェブサイト「あかるい職場応援団」に情報がまとめられており、参考になる。

*15 パワハラ防止法は通称で、正式な法律名は「労働施策の総合的な推進並びに労働者の雇用の安定及び職業生活の充実等に関する法律　労働施策総合推進法」（労働施策総合推進法）。

労働契約法　16条

解雇は、客観的に合理的な理由を欠き、社会通念上相当であると認められない場合は、その権利を濫用したものとして、無効とする。

*16 裁判では、この4要件をすべて満たす場合は労契法16条にいう解雇権の「濫用」に当たらず整理解雇は有効、1つでも満たしていないものがあれば「濫用」に当たり整理解雇は無効、と判断されることになる。

う義務や、従業員に転勤を命じる権利など、雇用契約に基づくさまざまな権利義務*12 を有すると考えればよい。

　例えば、従業員が働き過ぎによって過労死した場合、会社には遺族に対する損害賠償責任が生じる*13。会社は従業員の安全や健康に配慮する義務（安全配慮義務）を負っているので（労契法5条）、過労死を発生させたことがその義務違反（債務不履行（民法415条））等に該当するからである。

　安全配慮義務のような一般的な義務だけでなく、具体的な義務が各法律によって会社に課されていることも多い。例えば、パワーハラスメント（パワハラ）やセクシュアルハラスメント（セクハラ）といった職場のハラスメント*14 を防止するために、研修などの周知啓発や相談窓口の整備といった「防止措置」を行うことがいわゆる「パワハラ防止法」*15 や男女雇用機会均等法によって会社に義務付けられている。

　また、従業員をクビにすることを「解雇」というが、従業員に大きな不利益が及ぶため、解雇は「解雇権濫用法理」と呼ばれるルールによって厳しく制限されている（労契法16条）。例えば、会社が経営上の都合で（いわゆる「リストラ」として）従業員を解雇する場合は、解雇の中でも「整理解雇」という類型に該当する（「整理」の2文字は「人員整理」に由来する）。この場合、①余剰人員を削減する必要があり、②解雇以外の手段による削減が困難であり、③解雇対象者が合理的な基準で選ばれており、④従業員側との話し合いも尽くされている、以上の4点をすべて満たさなければ、その整理解雇は解雇権の濫用で無効とされる（「整理解雇の4要件」*16 などと呼ばれており、安易なリストラは許さないというのが労働法の基本的な考え方である）。例えばジョージが整理解雇された場合、会社を被告として訴訟を提起し、「4要件で満たしていないものがあるから解雇は無効だ」などと主張することになる。

　会社の経営においては、従業員に対しさまざまなことを命じていくことが不可欠であるが、それらすべてを法律で具体的に規制するのは難しい面もある。そこで、制度や規則に沿って会社の権利を基本的に認めつつ、権利の濫用は許さないという形でストップをかけるという規制手法が、労働法では比較的多く用いられる。これは労働法の特徴の1つといえよう。

（2）個人の責任

　以上のように雇用契約上の使用者は会社であるが、役員や管理職などの個人が「使用者」としての責任を問われることもある。例えば、A社において違法な残業、つまり労働時間に関する労基法のルール（労基法32条以下）に違反があったとする。このとき、前記Ⅰのように行政の取り締まりや刑事罰の可能性があるが、それを受ける「使用者」について、労基法は「…労働

者に関する事項について、事業主のために行為をするすべての者*17」としている（労基法 10 条）。残業（労働時間）は当然「労働者に関する事項」であるから、例えば違法残業と知りつつそれを命じた管理職などの個人が「使用者」として取り締まりや刑事罰等の対象となりうるのである（労基法 119 条）。もちろん A 社が「おとがめなし」というのも変な話なので、A 社自身も刑事責任を負うのが原則である（労基法 121 条）。何か労働法違反があっても責任を負うのは会社と考えがちであるが、労基法のように個人が責任を負い、あわせて会社も責任を負うという構造を持つ法律があることも知っておきたい。

Ⅲ　労働法と会社法の接点②　組織再編と労働法

1　合併

労働基準法　10 条
この法律で使用者とは、事業主又は事業の経営担当者その他その事業の労働者に関する事項について、事業主のために行為をするすべての者をいう。

第 14 章で学んだ会社の「組織再編」が行われるとき、従業員（会社と従業員の雇用契約）は一体どうなるのだろうか。以下、順に見ていこう。

合併の場合、労働法のルールはきわめてシンプルである。合併前の会社と従業員の雇用契約は、当然に、合併後の会社に引き継がれる。「当然に」というのは、特別な手続は必要ないということであり、従業員がまるごと合併後の会社に引き継がれるので、包括承継と呼ばれる。

なお、合併に伴い余剰となる従業員を解雇する場合、前述の整理解雇のルール（➡Ⅱ2（1））に基づいて判断されることになる。合併という背景事情は権利の濫用か否かの判断で考慮されることにはなるが、少なくとも当然に解雇が正当化されるわけではないので、注意が必要である。

会社でハラスメントが起きたら役員にも責任があるの!?

コラム　取締役の損害賠償責任

第 7 章、第 8 章で学んだように、取締役などの役員は、職務を行うにつき悪意または重過失があった場合、第三者に対し損害賠償責任を負う（429 条）。また、取締役が会社に対して負う忠実義務（355 条）の内容には、会社に労働法上の義務を守らせることも含まれる。これらの規定は労働法の関係でも適用されることがある点に注意したい。

具体的な事例として、会社法 429 条の責任について、1 か月 300 時間を超える長時間労働が常態化しており、取締役もそれを承認していたといえる事案

で、従業員の過労死に対する損害賠償責任を会社のみならず取締役らにも認めた例がある。また、パワハラの被害者が自殺した事案で、パワハラを認識していた（少なくとも認識しえた）にもかかわらず何も具体的な対策をとらなかったことについて、損害賠償責任をパワハラの加害者、会社に加え代表取締役にも認めた例がある（これらの場合、従業員が会社法 429 条にいう「第三者」となる）。取締役が経営について広範かつ重い責任を負っていることを示す一例といえよう。

2 会社分割

　会社分割の場合、雇用契約は、**労働契約承継法**[18] のルールに従って、移るかどうかが決定される。分割計画（または分割契約）で承継の対象とされた従業員が移るのが基本となるが、ルールの特徴として、従業員が承継（または不承継）について異議を申し出ることができる場合がある。

　具体例として、家電メーカーのA社が、不採算部門であるパソコン部門について、将来的な売却や解散の可能性も視野に入れつつ、新設分割によってB社として独立させる場合を考えてみよう。このとき、パソコン部門の所属ではない（＝主として従事してはいない）ガイアは、B社に移らないのが原則となる。仮にリストラ等の目的でガイアが承継の対象にされている場合は、異議を申し出れば承継の対象から外れる（A社に残留する）ことができる。反対に、パソコン部門に所属している（＝主として従事している）ジョージは、パソコン部門と一緒にB社に移るのが原則となる。ジョージが分割計画で承継の対象にされていない場合は、一定期間内に異議を申し出ることで承継の対象となることができる。

　要するに、労働契約承継法では、その従業員の仕事がなるべく維持されるような仕組みがとられている。ただ、1つ注意しなければならないのは、上の例でA社がジョージをB社への承継の対象に選んだ場合、B社に移るのは嫌だと思っても、承継を拒否することは原則としてできないという点である[19]。そのため、労働契約承継法及び関連する法律には、従業員の利益を保護する目的で、会社と従業員の協議といった「手続」に関するさまざまな定めが置かれている。このようにして、「会社分割の自由度を高めること」

法律は労働者の味方だから簡単に諦めるなってことか！

コラム　フリーランスと労働法

　近年、フリーランス（個人事業主）という働き方に関心が高まっている。会社の従業員としてではなく、業務委託などの契約を締結して仕事を受け、報酬を得るスタイルであり、Web制作やフードデリバリーなどさまざまなケースが見られる。ただ、企業に対して立場が弱いことも多いため、2021年にガイドライン（「フリーランスとして安心して働ける環境を整備するためのガイドライン」）が定められ、フリーランスと取引する企業が注意すべきポイントなどについて周知啓発が図られている。なお、働き方の「実態」に

よっては、フリーランスと位置付けられていても「労働者」として労基法その他の法律が適用されることに注意したい（前記Ⅱ1も参照）。従業員と同じように働いているのに、契約書のタイトルが雇用契約ではなく業務委託契約となっているから労働法は関係ない、としてしまうと、労働法の規制から容易に逃れることができてしまう。そのようなことは許されず、あくまで「実態」を重視するのが労働法の考え方なのである。

と「従業員を保護すること」の調整が図られているのである。まさに労働法が会社と従業員の利益を調整している一例といえよう。

なお、会社分割の場合、本人の意思に関係なく移る点で包括承継といえるが、合併のようにまるごと全部というわけではないので、部分的包括承継と呼ばれる。

❸ 事業譲渡

事業譲渡の場合、雇用契約の承継について何か特別な法律があるわけではなく、基本的には合意ベースで決まることになる。例えば、A 社が工場を B 社に譲渡する場合、その工場に勤めているジュンイチが当然に B 社へ移るわけではない（この点が合併とは異なる）。ジュンイチを承継させることを A 社と B 社が合意し、さらに、ジュンイチ本人が承継に同意しなければ、ジュンイチが B 社に移るという法的な効果は発生しない（本人の同意が必要な点で会社分割とも異なる）。合意などで特定されたものだけが移ることから、特定承継と呼ばれる。

したがって、上記の例でジュンイチは B 社へ移ることを拒否できるが、もはやジュンイチに仕事はないとして A 社が彼を解雇できるかどうかは、整理解雇に関するルール（➡Ⅱ2（1））に基づき判断されることになる[20]。

*20 本文とは逆に、ジュンイチ本人は B 社へ移りたかったのに、承継の対象から除外されたという場合には、ジュンイチ（従業員）をどのように保護するのかという問題が生じる。興味があれば労働法の教科書で調べてみてほしい。

「従業員を手厚く保護することは、経営にとってマイナスだ」といった言説を見ることがありますが、はたして本当でしょうか？　従業員がいきいきと働き、高い生産性が実現されることが、会社にとって何よりのことであるように思われます。会社法と労働法は、見ているところが違っていて、接点もそれほど多くはないかもしれません。しかし、従業員なしに会社は成り立ちません。会社のあるべき姿を考えていくために、会社法と並行して労働法も勉強してみましょう。きっと視野が広がりますよ。

課 題

1. 「働き方改革」が進められてきている。労働法のルールは何がどのように変わったのだろうか、調べてみよう。

2. 「多様な働き方」に関するキーワードとして、「テレワーク（リモートワーク）」、「副業・兼業」、「フリーランス」などが挙げられる。それぞれについて具体的にどのような論点があるのか、調べてみよう。

② 商事仮処分 ── それ、ちょっと待った！

ジョージ

老舗の和菓子屋が、アメリカの投資ファンドに乗っ取られるかもしれない、というニュース見た？　株式の大半を取得して経営権を握ろうとしているんだって。創業者一族は予想外の事態に大慌てらしいよ。

見た見た。最近、海外の投資ファンドがあちこちで似たようなことをしているよね。外資による買収はできれば避けたいと思っても、まるで「ハゲタカに狙われたウサギ」で、逃げ場はなさそうだね。

ジュンイチ

ガイア

でも、そう簡単にはいかないんじゃないかな。こういう場合、双方に弁護士が付いて裁判に持ち込まれるらしいから。難しい事件の裁判は何年もかかると聞いたことがあるけれど、悠長にはしていられないよね。

会社のいわゆる経営（支配）権をめぐる争いは、ニュースで華々しく報道される事例ばかりではなく、公開会社ではない中小企業においても、親族間や共同経営者間の仲違いから生じる事例も数多く存在します。どちらの事例も裁判で争われることが多いようです。

裁判手続はいくつかの種類があります。最もよく知られている手続は民事訴訟ですが、会社の経営（支配）権争いのように迅速な判断を要する事案では、民事保全という手続で裁判所の仮処分を求めることになります。本章で詳しく見ることにしましょう。

オモカネ先生

I 会社をめぐる法的紛争の解決

❶ 民事訴訟手続―基本的かつ最終手段

「犬も歩けば棒に当たる」と言われるように、会社が時に揉めごとに巻き込まれることは避けられない。例えば、ジョージの会社がアイスクリームの卸売りも始め、販売先の 1 つである A 社との間に代金の支払をめぐって紛争が生じた場合、どうすればよいか。これは売買契約に基づく代金請求権に関する紛争であるが、法の基本原則の 1 つに「自力救済の禁止」があり、ジョージの会社が A 社に乗り込んで金品を持ち去るような行動は許されない（犯罪になる）。

他方、憲法は国民に裁判を受ける権利を保障しており、民事訴訟法は、民法などが規律する私法上の紛争を解決する裁判手続として民事訴訟手続を規定している[17]。民事訴訟手続は、原告が主張する権利について、裁判所が判決で判断を示すことによって紛争の解決を図る手続である。判決が、被告に何らかの給付（例えば売買代金の支払い）を命じる内容である場合には、民事執行法が規定する強制執行手続によって実現を図ることができる。

会社が関係する紛争は、上記の売買代金の例のように外部者との間に生ずるものばかりではない。「獅子身中の虫」の故事のように、会社の組織や運営をめぐり、株主や取締役などの間で生じる紛争もある。そのような紛争について、会社法が特別に規定する訴訟類型を会社関係訴訟（あるいは「商事関係訴訟」）という[18]。

❷ 商事仮処分とはどのような手続か

（1）民事保全手続の一類型としての商事仮処分

不運にして紛争に巻き込まれても、権利者は民事訴訟手続と強制執行手続があれば安泰なのであろうか。現実はそう甘くない。民事訴訟は権利や法律関係を強制的[19]かつ終局的[20]に確定させる手続であるから、厳格な方

*17 民事訴訟以外の裁判手続として、刑事訴訟法は、罪を犯した者に対し国家が刑罰権を行使するための手続である刑事訴訟手続を定めている。また、国や地方公共団体の公権力の行使（例えば、自動車運転免許の付与や、その停止や取消をする処分など）に関する不服を争うための裁判手続は行政訴訟と呼ばれ、行政事件訴訟法が定められている。

*18 例えば、株主総会決議無効確認の訴えや、新株発行無効の訴えなどがある。これらは、原告として訴えを提起する資格や、判決の効力などについて、民事訴訟法の一般原則に対する例外を規定する訴訟類型である。

*19「強制的」とは、強制執行が可能なことに加え、被告が応訴を拒めないことを意味する。裁判所から訴状の送達を受けた被告が、第 1 回口頭弁論期日までに何らかの応答もせずに放置した場合、原告の主張をすべて認めたものと扱われ、敗訴判決を受ける。

*20 民事訴訟の確定判決には「既判力」がある。これは、判決で既に判断が示された権利や法律関係について、再度訴えを提起して紛争を蒸し返すことを禁じる効力である。

図表 15-2　保全命令の種類

	被保全権利*	保全の必要性*
仮差押	金銭債権	債務者の財産の減少により強制執行が不可能または著しく困難になるおそれ
係争物に関する仮処分	金銭以外の物の給付請求権	目的物の現状の変更により強制執行が不可能または著しく困難になるおそれ
仮の地位を定める仮処分	争いがある権利関係	債権者が著しい損害を被りまたは急迫の危険に直面しているため、本案の確定判決をまたずに暫定的に権利関係または法的地位を形成する必要があること

*「被保全権利」と「保全の必要性」については後記Ⅲ1 を参照

*21 民事訴訟の平均審理期間（2020年）

第一審 （地裁）	控訴審 （高裁）	上告審 （最高裁）
9.9月	6.8月	4.9月 （上告） 5.1月 （上告受理申立て）

『裁判の迅速化に係る検証に関する報告書（第9回迅速化検証結果）』による。あくまで全事件の平均値であり、事案の複雑性などの要因による事件ごとの差異は大きい。

*22 民事訴訟手続では、訴えを提起した者を原告、その相手方を被告と呼ぶが、民事保全手続では、保全命令を申し立てた者を債権者、その相手方を債務者と呼ぶ。

式に従い慎重に審理を進める必要があり、相応の年月を要する*21。

例えば前記の売買代金の例では、民事訴訟手続で争われている間にA社が自分の財産を処分したり隠したりすれば、強制執行をしようにも対象財産がなく、ジョージの会社が勝訴判決を得ても「画に描いた餅」にすぎないことになる。このような事態を避けるため、民事保全法（民保法）は、判決や強制執行に至る前の暫定的措置として、債権者*22の申立てを受けた裁判所が、相手方（債務者）に対し現状変更の禁止や一定の法律関係の形成などの保全命令を発する手続である民事保全手続を規定している。保全命令には、仮差押、係争物に関する仮処分、仮の地位を定める仮処分の3類型がある。

民事事件全体では、仮差押や係争物に関する仮処分の件数が多く、会社の対外的な取引に関する紛争では主にこれらが利用される。一方、会社関係訴訟や、会社法が規定する差止請求権の対象になる紛争では、仮の地位を定める仮処分が利用されており、商事仮処分（または商事保全）と呼ばれている。

仮の地位を定める仮処分は、仮差押や仮処分と比べると件数は少ないが、実務上の重要性は勝るとも劣らない。商事仮処分以外の事例として、例えば、雇用主から解雇された労働者が解雇の無効を主張し、雇用主に対し従業員である地位の確認を求める仮処分は、古くからある代表例である。最近では、名誉の毀損やプライバシーの侵害となるウェブサイト上の記載や投稿について、サイトの管理者に対し、書込みをした者の発信者情報（IPアドレスなど）の開示を求める仮処分といったインターネット関係事件での利用が急増している。

（2）商事仮処分の特徴

民事保全手続は、別に民事訴訟手続が行われることを予定し、債権者が保全命令を求めている権利や法律関係（被保全権利）に関する紛争の最終的な解決は、民事訴訟（本案訴訟）に委ねている。そのため、仮差押や係争物に関する仮処分は、後に本案訴訟が控える前哨戦という位置づけであることが多い。

これに対し、仮の地位を定める仮処分においては、仮処分手続がむしろ主戦場となり、本案訴訟が提起されない事例も少なくない。このような現象は「仮処分の本案化」と呼ばれ、特に商事仮処分ではよく見受けられる。

例えば、取締役会が募集株式発行の決議をしたが、「著しく不公正な方法」による新株発行に該当する疑いがある事例について考えてみよう。これにより不利益を受けるおそれのある既存株主は、会社に対し新株発行の差止

請求権を主張するだろう。この差止めを実現する方法として、理論上は民事訴訟が考えられる。しかし、新株発行においては、引受人が払込みをした株式については払込日に発行の効力が発生するため（209 条 1 項。➡第 9 章Ⅲ2）、取締役会決議から払込日までの短い期間内に、民事訴訟が提起され判決確定に至ることは現実的に不可能である。また、新株発行の効力が生じた後にこれを争う手段は新株発行無効の訴え（➡第 9 章Ⅳ2）になるが、判例は、著しく不公正な方法による発行自体は直ちに無効事由に該当しないとする立場をとる。そのため、既存株主は新株発行差止仮処分の申立てを行い、新株発行の効力が生ずる前に裁判所の判断を得ようとすることになる。

考えてみよう

商事仮処分において、「仮処分の本案化」が生じるのはなぜだろうか。新株発行の差止め以外の事例についても考えてみよう。

Ⅱ　どうすれば仮処分命令が出されるのか

1　債権者は何を主張すべきか

民事保全法　13 条

1 項　保全命令の申立ては、その趣旨並びに保全すべき権利又は権利関係及び保全の必要性を明らかにして、これをしなければならない。
2 項　保全すべき権利又は権利関係及び保全の必要性は、疎明しなければならない。

民事訴訟法　188 条

疎明は、即時に取り調べることができる証拠によってしなければならない。

債権者は、被保全権利と保全の必要性を疎明する必要がある（民保法 13条）。疎明は日常用語にない概念であるが、事実の存在について裁判官に「一応確からしい」という程度の心証を抱かせることを意味する。これに対し、民事訴訟における事実認定に必要とされる証明は、裁判官に「事実が真実である高度の蓋然性を有する」という心証を抱かせることを意味する。また、疎明に用いる証拠は即時に取調べ可能なものに限定され（民訴法 188 条）、例えば民事訴訟における証人尋問のように大がかりな証拠調べを行うことはできない。保全処分は迅速な判断が求められる暫定的措置であるため、真実に合致した事実認定の要請をいくらか後退させても、審理の迅速性を重視していることによる。

被保全権利とは、債権者が暫定的な保全命令を求める対象である権利や法律関係のことである。例えば、新株発行差止めの事例であれば、差止めを求める株主（債権者）の会社（債務者）に対する募集株式発行の差止請求権が被保全権利である。

一方、保全の必要性とは、本案訴訟の判決がされる前に、保全命令による暫定的措置を要する事情のことである。仮の地位を定める仮処分における保全の必要性は、権利関係に争いがあることによって債権者が著しい損害または急迫の危険に直面しているため、本案訴訟の確定判決をまたずに暫

定的に権利関係または法的地位を形成する必要が存在することである（民保法23条2項）。上記の新株発行の事例であれば、新株発行が特に資金調達の必要がないのに行われたものであり、他方で既存の大株主が持株比率の大幅な低下という不利益を受けるおそれが、保全の必要性を裏付ける事情になるだろう。

② 裁判所での審理

民事訴訟の審理は、原則として公開法廷における口頭弁論によって行われる。これに対し、民事保全の審理は口頭弁論による必要はなく、通常は審尋（じん）が行われる。審尋とは、裁判所が当事者に対して書面または口頭で意見陳述の機会を与える手続である。手続は非公開でよいし、口頭弁論のように当事者双方を同時に対席させることを必ずしも要しない。

仮差押や係争物に関する仮処分では、通常、債務者に対する審尋は行われない。これを行った場合、債務者に仮差押や仮処分を予告して財産の隠匿や処分のきっかけを与えることになり、保全処分の目的が達成できないおそれがあるからである。これに対し、仮の地位を定める仮処分では、債務者に

図表 15-3　民事訴訟の審理経過の一例

図表 15-4　仮の地位を定める仮処分（新株発行差止）の審理経過の一例

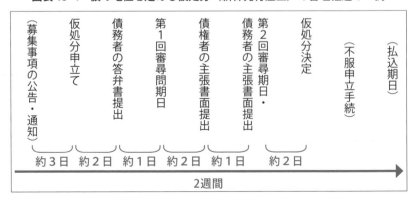

*23 通常は、債権者と債務者の双方審尋が行われ、口頭弁論が開かれることはきわめて稀である。

仮処分申立てを知られても弊害は少ない一方、仮処分命令によって債務者に重大な影響を及ぼす場合が多いので、保全命令を発令するには、原則として口頭弁論または債務者が立ち会うことができる審尋を経なければならない*23（民保法 23 条 4 項）。

民事保全法　23 条 4 項

第 2 項の仮処分命令は、口頭弁論又は債務者が立ち会うことができる審尋の期日を経なければ、これを発することができない。ただし、その期日を経ることにより仮処分命令の申立ての目的を達することができない事情があるときは、この限りでない。

③　担保

民事保全手続における担保とは、保全命令の発令後に、本案訴訟での債権者敗訴などによって保全命令や保全執行が違法と判明し、債務者に損害が発生した場合などに、債務者が債権者に対し取得する損害賠償請求権を担保するものである。裁判所は、保全命令を発令する際に、債権者に担保を立てさせるかどうか、また立てさせる場合の金額についても審理を行う（民保法 14 条 1 項）。

民事保全法　14 条 1 項

保全命令は、担保を立てさせて、若しくは相当と認める一定の期間内に担保を立てることを保全執行の実施の条件として、又は担保を立てさせないで発することができる。

*24 商事仮処分について保全抗告で争われた例として、「ライブドア対ニッポン放送事件」（2005 年）がある。

④　裁判所の判断

保全命令の申立てに対する裁判所の判断は、決定という形式で示される。裁判所は決定書を作成し当事者に送達するが、判決と異なり公開法廷での言渡しは行われない。保全命令の内容によっては、それを実現するための保全執行手続が行われる場合がある。裁判所が保全命令を発令した（債権者の申立てが認められた）場合、これを不服とする債務者は保全命令を発した裁判所に保全異議を申し立てることができる（民保法 26 条）。保全異議に対する判断も不服とする場合には、さらに上級裁判所（地方裁判所がした保全命令であれば、高等裁判所）に保全抗告を申し立てることができる*24（民保法 41 条 1 項）。一方、保全命令が発令されなかった（債権者の申立てが却下された）場合、債権者は上級裁判所に即時抗告の申立てをすることができる（民保法 19 条 1 項）。これらの不服申立手続は、保全手続の迅速性や実効性を損なわないように制度設計がされている*25。

*25 例えば、保全異議や保全抗告の申立てがされても、それらと別に執行停止の申立てをして執行停止決定を得ない限り、保全執行は停止されない（民保法 27 条 1 項・41 条 5 項）。

考えてみよう

上記以外に、民事訴訟と民事保全の手続の違いとしてどのようなものがあるだろうか。また、それはどのような理由によるものだろうか。

Ⅲ　取締役の職務執行停止および職務代行者選任の仮処分

前述した新株発行差止めの仮処分に加え、商事仮処分で頻出の事案として、取締役の職務執行停止および職務代行者選任の仮処分についても見て

みよう。

 取締役の職務執行停止仮処分

（1）被保全権利

　取締役を選任した株主総会決議の効力を争う本案訴訟を提起できる地位が、被保全権利になる。株主総会決議不存在および無効確認の訴えや、株主総会決議の取消しの訴えが代表例であるが、取締役解任の訴えや、取締役地位不存在確認の訴えも被保全権利になりうるとする見解もある。誰を債務者とするかについて、通説は会社と取締役の双方とする。

（2）保全の必要性

　民事保全法の条文上は、「債権者に生ずる著しい損害」または「急迫の危険」と規定されている（民保法 23 条 2 項）。しかし、被保全権利が会社の組織や運営に関する特別な訴訟を提起できる地位であることから、多数説は、仮処分を申し立てる債権者ではなく、会社に発生する損害の疎明を要すると解している。例えば、①会社の信用が従前の代表取締役個人の信用に基礎をおいており、現在の自称取締役では対外的信用が失墜するおそれがある場合や、②現在の自称取締役が会社の重要な財産を自己の利益のために処分するおそれがある場合などがこれに該当する。

法律用語は一見難しいけど
内容を理解すれば大丈夫！

発 展　民事保全と本案訴訟の関係

　民事保全法の一般原則としては、民事保全手続はあくまで本案訴訟に付随するものという位置付けである（ただし商事仮処分では、「仮処分の本案化」により本案訴訟の提起に至らない事例が多い。➡ I 2 (2)）。

　例えば、保全命令を発令した裁判所は、債務者ガイアの申立てにより、債権者ジョージに対し一定期間内に本案訴訟の提起を命じ（**起訴命令**と呼ばれる）、同期間内にジョージが本案訴訟を提起しなかった場合、ガイアの申立てにより保全命令を取り消さなければならない。起訴命令では、債権者ジョージが本案訴訟を提起すべき期間として少なくとも 2 週間が必要となるため、新株発行差止めのように短期間に決着がつけられる仮処分では実益がなく、起訴命令の申立てがされることは皆無に近い。

　また、保全命令が発令されていたが、本案訴訟で債権者ジョージの敗訴判決が確定した場合、債権者ジョージの被保全権利が実は存在しなかったことになるから、裁判所は債務者ガイアの申立てにより、保全命令を取り消さなければならない。この場合、ジョージは、保全命令および保全執行によってガイアが受けた損害を賠償する義務を負う。保全命令発令の際に債権者ジョージが担保を提供していた場合（➡ II 3）、債務者ガイアはジョージに対して損害賠償請求権を得るので、その担保から他の債権者に優先して弁済を受けることができる。

　その逆に、本案訴訟で債権者ジョージの勝訴判決が確定した場合、債務者ガイアが担保について権利行使をする可能性は消滅したので、ジョージは担保として提供した金銭等の返還を受けることができる。

（3）仮処分の効力

職務執行停止仮処分は、暫定的に取締役の職務執行を全面的に停止させる効力を有する。当該取締役が仮処分に違反して行った行為は、会社以外の第三者に対する関係でも無効になると解されている。

2　職務代行者選任仮処分

取締役の職務執行停止仮処分を申し立てる場合、職務代行者選任の仮処分も一緒に申し立てられることが多いが、後者については、前者とは別に保全の必要性を要する。例えば、代表取締役に対し職務執行停止仮処分が発令された場合に、他に代表取締役がいないため、会社の業務遂行に支障が生じるおそれなどがこれに該当する。

職務代行者は裁判所によって利害関係のない者から選任され（通常は弁護士）、本案訴訟で解決が得られるまでの間、会社の業務の現状維持を図ることを任務とする。職務代行者の権限は、仮処分命令に別段の定めがある場合を除き、会社の常務（会社の運営上日常的にされるべき行為）に限定され、常務外の行為をする場合には、裁判所の許可を得なければならない。

3　仮処分執行

取締役の職務停止や職務代行者選任の仮処分は、外部の第三者にも影響が大きいことから、仮処分命令をした裁判所の嘱託により、会社の商業登記上で公示がされる（民保法 56 条）。

民事保全法　56 条

法人を代表する者その他法人の役員として登記された者について、その職務の執行を停止し、若しくはその職務を代行する者を選任する仮処分命令又はその仮処分命令を変更し、若しくは取り消す決定がされた場合には、裁判所書記官は、法人の本店又は主たる事務所の所在地（外国法人にあっては、各事務所の所在地）を管轄する登記所にその登記を嘱託しなければならない。ただし、これらの事項が登記すべきものでないときは、この限りでない。

商事仮処分の仕組みを理解するには、より典型的な民事保全である仮差押や係争物についての仮処分、それに紛争の最終的解決のための民事訴訟と比べ、各手続の役割の違いを意識すると良いでしょう。実際の商事仮処分事件の手続の経過を追ってみると、よりイメージがしやすいと思います。

課 題

本文中で例に挙げた、新株発行差止めや、取締役の職務執行停止および職務代行者選任以外に、どのような商事仮処分があるだろうか。ニュースや裁判例に登場する実例を、被保全権利（本案訴訟）に着目して調べてみよう。例えば、やや古いが有名な事件として、「ブルドッグソース事件」や「楽天対 TBS 事件」（いずれも 2007 年）、最近の事件として「関西スーパー事件」（2022 年）がある。

会社をつくるときは経営に失敗したときのことなんか考えたくないけど、実際は倒産する会社だってたくさんあるよね。そのときのための法律が倒産法か。うまくいかない会社は解散させられてしまうってことかな。

ジョージ

行き詰まった会社は債権者にお金を払えなくなるから、多くの人に迷惑をかけることになるんだよ。株式だって価値がなくなってしまうから株主も大損だ。それなのに、借金がチャラになって会社がやりなおせるとしたら、法律は公平じゃないんじゃないのかな？　努力して競争に勝った企業が報われないよ。

ジュンイチ

日本は規律があってすばらしい国だけど、一度失敗した人にちょっと厳しすぎると思うわ。人間も会社も、失敗してもやり直せることが大切よ。一度失敗したからといってすぐ会社を解散させるのではなく、やり直すチャンスをあげるのはいいことよ。

ガイア

日本の法律は、経済的にうまくいかなくなった場合でも、個人と会社の両方に挽回のチャンスを用意しています。個人が破産手続をとると、ほとんどの場合、免責といって借入れなどの債務をなかったことにしてもらえます。会社も破産する前に、債務を軽くしてもらってやり直す機会を与えられる法律があり、それが民事再生法や会社更生法です。通常は解散させるよりも再建した方が債務をたくさん弁済できるからです。

競争原理をふまえたうえで公平であることは大事です。でも、何を公平と感じるかは人によって異なります。倒産法でも、衡平・公正・平等という言葉は頻繁に出てきます。うまくいかなかった会社にやり直しの機会を与えつつ、衡平・公正・平等を確保するということを考えながら、倒産法の勉強をしてみましょう。

オモカネ先生

I 経営がうまくいかなくなった会社はどうすればよいか

1 再建を目指すか、事業をやめるか

*26 清算
清算とは、資産をすべて売っ
てお金に換え、そのお金で債
務を弁済して、余ったら株主
に配ることである（足りな
かったら債務を免除しても
らうしかない）。会社を清算
するのは倒産した場合とは
限らない。例えば、支払いが
できなくなったわけではな
いのに、後継者がいなくてや
むなく解散して清算する会
社もある。会社が債権者への
支払いができなくなって清
算する場合と、支払いはでき
るのに解散・清算する場合
では適用されるルールが異
なる。前者では債権者が、後
者では株主が最も重要な利
害関係人である。

製品やサービスが売れない、借金が多すぎて元本の返済や利息の支払い
ができない、不祥事が起きて支払いが急に増えた、というトラブルがなかな
か解決しないと、会社はいずれお金が足りなくなる。成長したいのに投資す
るお金がない場合は銀行や投資家が資金を提供してくれるが、通常の支払
いができなくなった会社は信用をなくしてお金を借りることもできないの
が普通だ。そうなると、それまでのように事業を続けていくことはできなく
なる。このような場合、会社は倒産処理をすることになる。

倒産処理には、再建型と清算型がある。再建型倒産処理とは、借金を一部
免除してもらうなどした上で、事業を続けていくことを目指す手続である。
これに対して、清算型倒産処理とは、事業を廃止して所有している工場等の
資産をすべてお金に換えて債権者に分配し、会社としての一生を終わらせ
る手続である*26。

2 法的整理と私的整理

上記のような再建型と清算型という分類とは別に、法的整理と私的整理
（任意整理ともいう）という分け方もある。法的整理とは、破産法のような法
律に従って倒産を処理するやり方であり、債権者の権利行使（訴訟をする、
強制執行をするなど）の一部を法律で制約するのが特徴である。私的整理と
は、債権者の権利行使を法律によって強制的に制約するのではなく、債権者
と債務者の話し合いによって倒産を処理するやり方である（図表15-5）。

図表 15-5　さまざまな倒産処理

	再建型	清算型
法的整理	民事再生法、会社更生法	破産法、特別清算（会社法の一部）
私的整理	純粋私的整理、事業再生 ADR、中小企業活性化協議会、特定調停（事業再生支援型）等	特定調停（廃業支援型）等

この章では、主に法的整理について勉強する。それは、私的整理も法的整
理のルールが基礎になっていて、まず法的整理のルールを理解しないと私
的整理を理解することは難しいからである（➡ 171 頁「課題」）。

❸ 倒産法と会社法

　第14章まで勉強してきたとおり、会社に関係するさまざまなルールは会社法が定めている。では倒産に関するルールを定めている倒産法*27 は、会社法とどのような関係にあるのだろうか。実は、倒産しても会社法や民法がまったく適用されなくなるわけではない。しかし、経済的に行き詰まって倒産した会社には独特のルールも必要になるので、そのために倒産法も適用される。会社法と倒産法ではルールが異なる部分もあるが、その場合は倒産法が優先して適用される。

> 平時は　　　→　会社法
> 倒産すると　→　会社法　＋　倒産法（両者が矛盾する場合は倒産法が優先）

Ⅱ　倒産した会社は誰が支配するか

破産法　78条1項

破産手続開始の決定があった場合には、破産財団に属する財産の管理及び処分をする権利は、裁判所が選任した破産管財人に専属する。

会社更生法　72条1項

更生手続開始の決定があった場合には、更生会社の事業の経営並びに財産（日本国内にあるかどうかを問わない。第四項において同じ。）の管理及び処分をする権利は、裁判所が選任した管財人に専属する。

民事再生法　54条2項

裁判所は、前項の処分（以下「監督命令」という。）をする場合には、当該監督命令において、一人又は数人の監督委員を選任し、かつ、その同意を得なければ再生債務者がすることができない行為を指定しなければならない。

❶ 株式会社における意思決定の頂点は株主

　復習になるが、株式会社では、株主総会が取締役や監査役や会計監査人を選び、取締役が構成する取締役会が代表取締役や社長を選び、社長が従業員の人事を決めるというように、株主によって構成される株主総会が意思決定の頂点にいる（➡第4章）。なぜ株主が最も重要な意思決定をする権限を与えられているかというと、会社の経営については株主が最も大きなリスクを負担しているからである。

　つまり、株主は、従業員や銀行といった他の利害関係人が取り分を確保した後でないと自分の取り分（残余財産の分配、配当、資本の払戻し等）を受け取ることができない。仮に会社が赤字になっても、株主が提供している資金（正確にいうと株主資本）がクッションの役割を果たして、従業員や銀行は株主よりも優先して弁済を受けられる仕組みになっている。だからこそ、株式会社に関する重要な事項の決定については、最も大きなリスクを負担している株主に権限が与えられているし、すべての債務を支払って利益が出た場合には株主だけが配分を受け取ることができる。これが会社法（というよりも資本主義）の基本的な考え方の1つである。

❷ 倒産した会社における株主の権限

　上記のとおり、株式会社における意思決定の頂点には株主がいるが、その理論的な根拠は、会社が損失を出しても株主が負担し、銀行や従業員には迷惑をかけないという仕組みになっている点にある。ところが、倒産は、株主が自分の持分をあきらめても債権者への支払いができなくなっている状態

である。このように、会社法が定める株主の大きな権限は、仮に赤字が出ても債権者には迷惑をかけないことが前提となっているのに、倒産した会社ではこの前提が崩れてしまっている。そこで、倒産法は、会社法のルールを修正して、株主の権限の一部（または全部）を奪って、債権者の利益を代表する他の機関に与えている。具体的に見てみよう。

破産事件や会社更生事件では、会社の財産を管理・処分する権限が、裁判所が選んだ管財人に移転する。また、資産を売却する、新しくお金を借りるといったことは、本来、取締役会が自由に決めていいはずだが、民事再生事件では、裁判所が選んだ監督委員の同意が必要である。このように株主や、株主が選んだ取締役の権限に制限がつくのは、株主が会社の損失を支えきれなくなって債権者に迷惑をかけているからだといえる。次の項目では、債権者と株主についてもう少し詳しく見てみよう。

破 産 法：財産を管理・処分する権限は破産管財人に帰属する（破産法 78 条 1 項）
会社更生法：財産を管理・処分する権限が更生管財人に帰属する（会社更生法 72 条 1 項）
民事再生法：監督委員の同意がなければ重要な財産を売却したり、借金をすることができない
（民事再生法 54 条 2 項・41 条 1 項）

Ⅲ　倒産した場合の債権者と株主の権利のゆくえ

株主と債権者の共通点と違い

株主とは会社が発行した株式を有している者であり、債権者とは会社が債務を負っている相手方である。定義からして両者はまったく別の存在に見える。たしかに、株主と債権者では法律的に持っている権利がまったく違う。株主が持っているのは株主総会で議決権を行使し、配当を受領するなどの権利である。これに対して、債権者は契約等で決めた通りに代金や報酬等を受け取る権利がある。

しかし、経済的・金融的にみると、両者の差は意外と少ない。株主も債権者も、会社に資金（ファイナンス）を提供しているという意味では、よく似た存在である。

株主は、通常、お金を払って会社が発行する株式を引き受けているか、または引き受けた人にお金を払って株式を買い取っている。銀行などの金融機関も、会社に貸付をするときにお金を出し、貸したお金や利息、手数料を返してもらう権利（金融債権という）を持っている。このように、株主や金融債権者が資金を会社に提供している場合はとてもわかりやすい。

民法　533条

双務契約の当事者の一方
は、相手方がその債務の
履行を提供するまでは、
自己の債務の履行を拒む
ことができる。ただし、
相手方の債務が弁済期
にないときは、この限りで
ない。

では、モノやサービスを提供して債権（取引債権または商取引債権という）
を持っている債権者はどうだろうか。民法上は同時履行の抗弁があり（民法
533条本文）、売買のような双務契約では双方が同時に債務を履行するのが原
則である（引換給付）。しかし、商取引の実務ではむしろ売主がお客である買
主に一定の「支払いサイト」を付与するのが通常である。例えば「月末締め
の翌々月20日払い」（月末までに納品された分の代金を翌々月の20日にまとめ
て支払う）というように、売主はモノを売ってから一定の期間が経過した後
にようやく代金を払ってもらえる契約が多い。この猶予期間が支払いサイ
トである。買主は納めてもらったモノを自分の事業に使って、代金を回収し
てから支払期限までの間に代金を払うこともできる。つまり、買主からみる
と、民法上はすぐに支払わなければならないはずの代金を、商取引上は契約
の定めによりすぐには払わず、その間、お金を別のことに使えるわけであ
る[*28]。このように、商取引の債権者（上記の例では売主）もまた、債務者
に対して資金を提供しているといえる。

*28 例えば50日間は代金を
払わなくていいということ
であれば、買主はその間、利
息を払わずにお金を借りて
いるのと同じことになる。

　上記のように、株主や（ほとんどの）債権者は会社に資金を提供している
ことになるが、資金を提供した相手である会社が倒産するとどのような扱
いを受けるのだろうか。

❷　会社が倒産すると、株主はどうなるか？

　平時においては、株主は会社法の規定により、配当を受領する権利を有し
ており、また株主総会で議決権を行使することができる。会社が解散した場
合は、残余財産の分配を受ける権利も有している。

　しかし、株主が支払いを受けられる順位は債権者よりも低いので、債権者
でさえも満足な弁済を受けられなくなっている倒産時には、株主は、配当や
残余財産の分配を受け取ることはできなくなる。それだけでなく、前述のと
おり、株主が選んだ取締役（取締役会）の権限も制約を受けるので、会社に
おける意思決定の頂点にいるという特徴も倒産時には大きく変わることに
なる。

❸　会社が倒産すると、債権者はどうなるか

（1）個別の権利行使が制約される

　倒産は、個々の債権者ではなく債権者全体に対して弁済ができなくなっ
ている（難しくなっている）状態である。そのような状態で一人ひとりの債
権者がわれ先にと権利を行使する[*29]と、全体としては早い者勝ちの状態に
なってしまうし、ある債権者は全額を弁済してもらえるのに別の債権者は1

*29 例えば訴訟を起こす、
会社の資産を差し押さえる
など。

円も返してもらえないというように、不公平なことになりがちである。そこで、会社が倒産した場合には、一人ひとりの債権者がその会社を相手に訴訟を提起したり、資産を差し押さえたりすることが原則として禁止されている。その代わりに、例えば破産手続では、管財人がすべての資産をお金にして（換価という）、債権者に配ることになる。

（2）優先順位

現代の会社はさまざまな取引をしているため、いろいろな債務を負担しており、ひとくちに債権者といっても、その内訳はさまざまである。その中でも、ある種の債権は、法律の規定により他の債権（一般債権）よりも有利に扱われることになっている。

一般債権よりも有利に扱われる債権としては、例えば租税債権がある。公共的な性格から法律が私人の債権よりも優先順位を高くしているわけである。租税には地方税（住民税や固定資産税等）と国税（所得税や法人税等）があるが、倒産法における扱いについては、基本的に国税も地方税も同様である。

担保付債権も有利に扱われる。例えば会社が所有している土地に抵当権の設定を受けた債権者がいると、その債権者の債権は担保権でカバーされているので担保付債権と呼ばれる。会社に1億円を貸した銀行が、5000万円の価値のある不動産について抵当権を有している場合、5000万円までは担保付債権となり、他の債権者が弁済を受けられない場合でも不動産を売却したお金で優先的に回収することができる。破産法や民事再生法では、個別の権利行使が禁止されることの例外として、担保権を有する債権者は手続に拘束されずに担保権を実行する（競売にかける）ことができる（倒産手続とは別に権利を実行できるという意味で別除権とも呼ばれる）。

会社には通常、従業員がいるが、従業員が雇用契約に基づいて会社に対して有する権利（給与や退職金等で、総称して労働債権という）も一般債権より

ステークホルダーがどっと押し寄せてくるんですね！

コラム　倒産と弁護士

会社が会社更生手続や民事再生手続の開始を申し立てると、最初は非常に混乱する。支払いをしてもらえない債権者が頭にきて会社の資産を持っていこうとするかもしれない。しかし、いくら債権者でも無断で会社の資産を持っていってしまうと犯罪（窃盗罪）になる。資産の持ち去りなどを防ぎ、事業を通常通りに続けていくため、とくに手続を申し立てた直後は弁護士が会社に常駐して、従業員、債権者、株主に法律や手続の説明をすることが多い。弁護士が会社に長時間張り付いて仕事をすることから「ハリ弁」と呼ばれている。弁護士には裁判だけでなく「ハリ弁」のような仕事もある。

も有利に扱われることになっている。会社との契約に基づいて債権を有するという意味では従業員も他の債権者も同様なはずだが、労働債権については支払いがなされないと従業員の生活に直接影響が及ぶため、政策的に優先するものとされている。

（3）債権者平等原則

　上記のように、倒産法では、ある種類の債権は一般債権よりも優先して弁済されることになっているが、逆に、優先順位が同じ債権者（例えば一般債権者）の間では平等な弁済が保証される（債権者平等原則）。これは、倒産法における重要な原則である。つまり、会社が倒産して、全員が弁済を受けるには会社の資産が不足していることが明確になった後は、同じ種類の債権について差別的な扱いをすることは原則として許されない。平時には、債権者はそれぞれ個別に債権回収の努力をしなければならず、債権回収のために努力した債権者が怠けていた債権者よりも先に弁済を受けることができることも当然のこととされるので、債権者平等原則は倒産時にのみ適用されるルールのひとつである。

（4）清算価値保障原則

　民事再生法や会社更生法のように、会社の事業を継続することで少しでも多く債権者に弁済しようとする手続においては、もうひとつ非常に重要な原則がある。破産して資産を個別に売ってお金に換えた上で一般債権者に配当をする場合以上に弁済しなければならないという原則である。破産（清算）した場合の債権者にとっての価値を保障するという意味で、清算価値保障原則と呼ばれている。

優先順位：　　　　　債権者は株主への残余財産分配よりも優先して弁済を受ける。租税債権、担保権付債権、労働債権は、一般債権よりも優先的に弁済を受ける。
債権者平等原則：　　同じ種類の債権を有する債権者は同じ扱いを受ける。
清算価値保障原則：民事再生法や会社更生法により事業を継続する場合は、破産した場合よりもたくさん弁済しなければならない。

Ⅳ　スポンサー（新しい株主）

　上記で見てきたように、会社が倒産すると株主は債権者に比べて不利な扱いを受ける。株主は、会社が成功した場合には最後に残った利益を独占できるので、その反面、失敗した場合には債権者よりも先に取り分がなくなってしまう。例えば、債権者が5％の弁済しか受けられない場合、株主の権利

はなくなってしまうのが原則だ。

しかし、特に会社が事業を継続する民事再生や会社更生の場合には、株主が取り分を失った後も誰かが株主になる必要がある。株主がいない株式会社というのはありえないからだ（➡第2章）。

そこで、民事再生や会社更生の場合には、スポンサーが選ばれることが多い。通常は、ほかの会社がスポンサーになる。

選ばれたスポンサーは、多くの場合、経験豊富な経営者を送り込み、または新しい仕事を発注して、倒産した会社が事業を立て直すことを支援する。しかし、スポンサーの最も重要な役割は、新しいオーナーとして債権者に弁済をするための資金を提供することである。つまり、新しい株式を引き受けたり、お金を貸し付けたり、銀行借入の保証人になることで倒産した会社がお金を確保することを応援する。

なぜスポンサーになる会社が現れるかといえば、残された事業に価値があるから自社にとって投資に値すると考えるからで、重すぎる債務さえカットすれば将来が有望な事業にはスポンサーがつきやすい。

スポンサーになってもいいという候補が複数ある場合、基本的には債権者に最も有利な条件を提示できる会社が選ばれる。しかし、従業員の待遇、地域社会への貢献、そして取引先の信頼という要素が考慮されることもある。

自由な市場での競争を大切にする資本主義の世界では、競争に負ける会社も必ず出てきます。倒産法は、うまくいかなくなった会社にもやり直しの機会を与えると同時に、衡平・公正・平等に配慮して、資本主義のルールに矛盾しないようにしています。平時と倒産時のルール、特に株主がどのような扱いを受けるかをみると、会社制度の基礎にある資本主義のルールがよく理解できるでしょう。

課 題

この章では主に法的整理による倒産処理について勉強したが、実務では、「私的整理」も重要になっている。私的整理にはどのようものがあるだろうか。最近、法的整理が減少して私的整理が増えているといわれているが、なぜだろうか。図表15-5を参考にして調べてみよう。

次のステップのための文献案内

わかりやすい事例、コラムが充実、上級まで
- ●伊藤靖史ほか『リーガルクエスト会社法〔第 5 版〕』有斐閣、2021
- ●高橋美加ほか『会社法〔第 3 版〕』弘文堂、2020
- ●田中　亘『会社法〔第 3 版〕』東京大学出版会、2021

実務的にも大きな影響を与えているロングセラー
- ●江頭憲治郎『株式会社法〔第 8 版〕』有斐閣、2021
- ●神田秀樹『会社法〔第 24 版〕』弘文堂、2022
- ●弥永真生『リーガルマインド会社法〔第 15 版〕』有斐閣、2021

基本的な考え方や学説の理解のために
- ●久保田安彦『会社法の学び方』日本評論社、2018
- ●黒沼悦郎『会社法〔第 2 版〕』商事法務、2020
- ●高橋英治『会社法概説〔第 4 版〕』中央経済社、2019
- ●三浦　治『基本テキスト会社法〔第 3 版〕』中央経済社、2022
- ●山本為三郎『会社法の考え方〔第 12 版〕』八千代出版、2022

本書では省いた条文を中心とした知識の定着に
- ●久保大作ほか『ひとりで学ぶ会社法』有斐閣、2018

労働法（第 15 章）をもっと学びたい方に
- ●水町勇一郎『労働法〔第 9 版〕』有斐閣、2022
- ●原　昌登『ゼロから学ぶ労働法』経営書院、2022

商事仮処分（第 15 章）をもっと学びたい方に
- ●上原敏夫ほか『民事執行・保全法〔第 6 版〕』有斐閣、2020
- ●三笘　裕ほか『会社訴訟・紛争実務の基礎』有斐閣、2017

倒産法（第 15 章）をもっと学びたい方に
- ●山本和彦『倒産処理法入門〔第 5 版〕』有斐閣、2018
- ●伊藤　眞『倒産法入門——再生への扉』岩波新書、2021

プレステップ会社法〈第2版〉 索引

編　者●柳　明昌 やなぎ・あきまさ
慶應義塾大学法学部教授

執筆者（掲載順）

柳　明昌　　　　　　　　　　　　　　　第1章・第5章

久保田安彦 くぼた・やすひこ　　　　　　第2章・第14章
慶應義塾大学大学院法務研究科教授

杉田　貴洋 すぎた・たかひろ　　　　　　第3章・第9章
慶應義塾大学法学部教授

重田麻紀子 しげた・まきこ　　　　　　　第4章・第7章
青山学院大学大学院会計プロフェッション研究科教授

来住野　究 きしの・きわむ　　　　　　　第6章
明治学院大学法学部教授

島田　志帆 しまだ・しほ　　　　　　　　第8章・第10章
立命館大学大学院法務研究科教授

陳　宇 ちん・う　　　　　　　　　　　　第11章
武蔵野大学法学部教授

佐藤　信祐 さとう・しんすけ　　　　　　第12章
公認会計士佐藤信祐事務所／公認会計士

湯原　心一 ゆはら・しんいち　　　　　　第13章
成蹊大学法学部教授

原　昌登 はら・まさと　　　　　　　　　第15章（労働法）
成蹊大学法学部教授

工藤　敏隆 くどう・としたか　　　　　　第15章（商事仮処分）
慶應義塾大学大学院法務研究科教授

柴田　義人 しばた・よしひと　　　　　　第15章（倒産法）
大阪地方裁判所　判事

シリーズ監修者●渡辺利夫 わたなべ・としお
拓殖大学学事顧問、東京工業大学名誉教授（経済学博士）

プレステップ 会社法〈第 2 版〉

2019（平成 31）年 2 月 15 日　初　版 1 刷発行
2023（令和 5 ）年 4 月 15 日　第 2 版 1 刷発行

編 者　柳　　明昌

発行者　鯉渕　友南

発行所　株式会社 弘文堂　　101-0062　東京都千代田区神田駿河台 1 の 7
　　　　　　　　　　　　　TEL 03（3294）4801　　振 替 00120-6-53909
　　　　　　　　　　　　　https://www.koubundou.co.jp

デザイン・イラスト　高嶋良枝
印　刷　三報社印刷
製　本　三報社印刷

ISBN978-4-335-00157-4